ཁྱམས་པ་ཆེན་པོ།

Grande Amor

um objetivo de vida

བྱམས་པ་ཆེན་པོ།

Grande Amor
um objetivo de vida

Diálogos entre
Lama Michel Rinpoche e Bel Cesar

editora

gaia

© Isabel Villares Lenz Cesar, 2015
© Michel Lenz Cesar Calmanowitz, 2015
1ª Edição, Editora Gaia, São Paulo 2015
1ª Reimpressão, 2016

Jefferson L. Alves – diretor editorial
Richard A. Alves – diretor-geral
Flávio Samuel – gerente de produção
Flavia Baggio – coordenadora editorial
Vania Zeballos – edição de texto
Deborah Stafussi – assistente editorial
Fernanda B. Bincoletto – revisão
Renata Zincone – projeto gráfico
Lama Michel Rinpoche – foto da capa

Obra atualizada conforme o
NOVO ACORDO ORTOGRÁFICO DA LÍNGUA PORTUGUESA.

Dados Internacionais de Catalogação na Publicação (CIP)
(Câmara Brasileira do Livro, SP, Brasil)

Cesar, Bel
    Grande amor : um objetivo de vida : diálogos entre Lama
Michel Rinpoche e Bel Cesar.
    1. ed. -- São Paulo : Gaia, 2015.

    Bibliografia
    ISBN 978-85-7555-455-5

    1. Budismo - Doutrinas 2. Budismo - Tibete 3. Diálogos
4. Entrevista 5. Meditação - Budismo I. Lama Michel, Rinpoche.
II. Título.

15-07871   CDD-294.3923

Índice para catálogo sistemático:

1. Budismo tibetano : Meditação 294.3923

Direitos Reservados

editora gaia ltda.
Rua Pirapitingui, 111-A – Liberdade
CEP 01508-020 – São Paulo – SP
Tel.: (11) 3277-7999 – Fax: (11) 3277-8141
e-mail: gaia@editoragaia.com.br
www.editoragaia.com.br

Nº de Catálogo: **3863**

Agradecimentos

A Lama Gangchen Rinpoche,
por seu exemplo vivo de Grande Amor.

A Fernanda Lenz,
por suas fotos e sua presença de puro amor em nossas vidas.

A Peter Webb,
por seu amor confiante e crescente.

A Vania Zeballos,
pelas horas e horas dedicadas a encontrar a maneira mais clara
e equilibrada de expressarmos nossas longas conversas.

A Renata Zincone,
pela emoção e carinho profundos dedicados à arte gráfica deste livro.

A Caco Alzugaray, Eliane Melo, Flávio Gomes e Silvia Friedman,
pela cuidadosa leitura deste livro em sua etapa final,
o que nos incentivou a concluí-lo com alegria.

A Ana Lídia Cupertino,
pelas edições de áudio que mantêm vivas as palestras
de Lama Michel Rinpoche.

A Jairo da Rocha,
pelo trabalho de recuperação das imagens antigas,
feito com o amor de quem sabe cuidar do que é valioso.

E a todos que tornaram este livro uma experiência viva de amor.

Dedicação para a Paz

SHIDE SEMCHOK RINPOCHE
MA KIE PA NAM KIE GUIUR TCHIG
KIEPA NIAMPA MEPA YANG
GON NE GON TU PEL WAR SHOK

Possa a preciosa mente, pacifica, feliz e saudável,
que ainda não nasceu, nascer e crescer.
Possa aquela que nasceu
não se degenerar e crescer para sempre.

Sumário

Prefácio por Lama Gangchen Rinpoche

Hoje em dia há muitos nomes para o amor. Mas o amor verdadeiro não tem nome. É um sentimento difícil de explicar, pois cada um o vive da sua maneira. Todos amam, desde as pessoas que têm um profundo conhecimento teórico sobre o amor até aquelas que não possuem nenhum.

O amor não tem forma. Amar verdadeiramente é sentir. Espero que cada um tenha essa experiência e a desenvolva mais e mais, pois só assim é possível saber se o amor tem forma ou não. Depois venham me contar o que aprenderam, contar se o que eu disse é ou não verdade. Se o amor tiver forma, vou aprender com vocês. A maioria das pessoas não conhece a filosofia mais profunda sobre os aspectos da mente, mas é capaz de entender o que é o amor.

Em 1987, vim ao Brasil pela primeira vez a convite de Mônica Benvenuti e Cláudio Bianchi. Eles me apresentaram Bel, Daniel e seus dois filhos, Michel e Fernanda. Era como se tivéssemos nos reencontrado. Tivemos uma sensação sincera de amor, confiança e conexão. Eles expressaram muito amor por mim, e eu tive a sensação de estar numa grande família amorosa. A sensação de confiança e de fazer parte de uma mesma família tornou possível pedir-lhes que aceitassem o reconhecimento de seu filho Michel como lama, a reencarnação de um *panchen* do Monastério de Gangchen: Drupchok Gyalwa Samdrup. Esse encontro foi um grande presente para mim.

Aos 12 anos Lama Michel decidiu, por si só, viver num monastério no sul da Índia, para seguir o caminho tradicional de formação monástica do budismo tibetano. Anos depois, continuou seus estudos em Tashi Lhumpo, no Tibete, onde também estudou astrologia, medicina tibetanas e técnicas de meditação. Ele também concluiu vários retiros de meditação. Desde o início, Lama Michel sempre esteve ao meu lado como discípulo. Muitas pessoas puderam testemunhar essa pura conexão de verdadeiro amor e compaixão entre guru e discípulo.

Bel tem uma longa experiência como psicoterapeuta e praticante budista. Assim sendo, tem uma grande capacidade de transmitir a medicina do *dharma* — o conhecimento e a experiência dos ensinamentos de Buddha como meio para curar os sofrimentos mais profundos.

O primeiro sentimento de amor de todo ser surge do vínculo natural com a mãe, aquela que lhe deu a vida e dispensou cuidados. O ambiente amoroso de um pequeno núcleo familiar é a semente, a essência para expandi-lo à grande família humana, além de desenvolver, em cada um, o desejo de beneficiar todos os seres vivos.

Lama Michel é fisicamente filho de Bel e Daniel e espiritualmente, meu filho de coração e detentor da minha linhagem. Sou muito grato à família de Lama Michel, que sempre recebeu abertamente o que tenho compartilhado com meus discípulos: como desenvolver um coração de amor ilimitado, compaixão ilimitada, alegria ilimitada, equanimidade ilimitada, regeneração ecológica ilimitada e paz ilimitada. Assim, muitas coisas foram realizadas e são a base para realizar muitas outras. Eu desejo a Lama Michel e sua família longa vida, boa saúde, alegria e muitas realizações.

A mensagem do cientista interior Buddha Shakyamuni é ainda hoje muito útil para todas as pessoas, especialmente para os seres que estão em sofrimento. Todos podem experimentar o poder do amor e da compaixão. Por isso, tenho certeza de que este livro vai beneficiar e ajudar muitos leitores. Espero que, no futuro, muitos outros livros sejam escritos também.

Eu me regozigo com o fato de este livro compartilhar com o mundo os ensinamentos de Buddha sobre o desenvolvimento do amor e da compaixão, tanto para cada pessoa, individualmente, como para todos os outros com que convive.

Tashi delek!

LAMA GANGCHEN RINPOCHE

30 DE MAIO DE 2015

Lama Gangchen Rinpoche nasceu no Tibete, em 1941. Estudou nos monastérios de Tashi Lumpo e Sera Me. Aos 12 anos, recebeu o título de *Katchen*, normalmente concedido após 20 anos de estudos e práticas. Graduou-se em Medicina Tibetana, Astrologia, Meditação e Filosofia, tendo recebido o título de *Rigram* (similar ao que conhecemos como PhD no Ocidente). É detentor de uma linhagem ininterrupta de Mestres Tântricos que datam da época de Buddha Shakyamuni. Após essa graduação, trabalhou como *lama curador* nas comunidades tibetanas no Nepal, Índia e Sikkim. Seu método *Autocura Tântrica Ngal-So* baseia-se nos ensinamentos de Buddha para atender às necessidades das pessoas que vivem no mundo contemporâneo. Em 1988, abriu seu primeiro Centro de Dharma no Ocidente, o Centro de Dharma da Paz Shi De Tchö Tsog, em São Paulo. Em 1992, fundou a Lama Gangchen World Peace Foundation, ONG filiada à ONU, cuja missão é a propagação e o desenvolvimento da Cultura de Paz. Responsável espiritual por dezenas de Centros de Dharma no Ocidente e no Oriente, Lama Gangchen viaja por todo o mundo ensinando a *Autocura Tântrica Ngal-So*, a educação da paz interior para o desenvolvimento da paz mundial, a educação não formal e o cuidado com o meio ambiente e os cinco elementos. Desde 2001, vive em Albagnano, ao norte da Itália, onde fundou o Albagnano Healing Meditation Centre, sede principal de suas atividades. Autor dos livros *Autocura I – Proposta de um mestre tibetano*; *Ngelso – Autocura Tântrica II*, *Ngelso – Autocura Tântrica III*; *Fazendo as pazes com o meio ambiente*. Todos editados pela Editora Gaia.

"A PAZ INTERNA É A BASE MAIS SÓLIDA PARA A PAZ MUNDIAL."

As sete meditações ilimitadas nos ajudam a desenvolver o grande coração de amor ilimitado, a compaixão ilimitada, a alegria ilimitada, a equanimidade ilimitada, a saúde ilimitada, a regeneração ecológica ilimitada e a paz ilimitada.

AMOR
Possam todos os seres ter a felicidade e sua causa.

COMPAIXÃO
Possam todos os seres ser livres do sofrimento e de sua causa.

ALEGRIA
Possam todos os seres jamais se separar da grande felicidade que está além de todo o sofrimento.

EQUANIMIDADE
Possam todos os seres sempre viver em equanimidade, livres da atração por uns e da aversão por outros.

SAÚDE
Possam todos os seres se recuperar das doenças causadas pela poluição física e mental, e gozar de saúde relativa e absoluta agora e sempre.

REGENERAÇÃO ECOLÓGICA
Possam todos os seres relaxar em um meio ambiente interno e externo puro e saudável agora e sempre.

PAZ
Possam todos os seres desfrutar de paz interna e paz no mundo agora e sempre.

Prefácio por Lama Michel Rinpoche

Muitas coisas me deixam feliz. Uma delas é compartilhar o que aprendi de mais precioso com meus mestres, as experiências que tive na vida e a minha visão de mundo. Fico especialmente feliz por fazer isso com uma pessoa que admiro tanto, por quem tenho respeito e carinho, não só por ser minha mãe mas por suas qualidades, como dedicar-se de coração àquilo que faz.

Há muitos anos caminhamos juntos, aplicando o budismo em nossas vidas. Eu era bem pequeno e ela já estudava bastante, sempre buscando coisas novas, não apenas para ter conhecimento mas para aplicá-lo em seu próprio benefício e em benefício daqueles que estavam à sua volta. Isso é algo que temos em comum.

Nesses anos todos minha mãe acabou acumulando uma vasta experiência, tanto no budismo como na psicologia, aprendendo coisas novas e aplicando o que aprendia em muitos pacientes. O conhecimento posto em prática torna-se vivo. Vejo nisso uma grande qualidade.

Este livro é uma forma de levar para o leitor algo muito íntimo: nossas conversas mais preciosas, em que um enriquece o outro. Temos diferentes perspectivas mas a mesma motivação, que é o nosso desenvolvimento interior e o desenvolvimento das outras pessoas. Minha visão é mais religiosa e a dela, mais psicológica. Nos diálogos, acabamos unindo esses dois pontos de vista. Isso é algo muito rico e torna nossas ideias mais acessíveis a todos.

Originalmente, este livro foi um pretexto para conversarmos com mais frequência sobre o Dharma e os valores que dão significado à existência. O fato de estarmos tão próximos é algo muito especial, pois nos dias de hoje não é comum pais e filhos seguirem o mesmo caminho.

Tenho muito a agradecer pela família em que nasci. Tanto minha mãe como meu pai e minha irmã seguem o mesmo caminho. Um caminho profundo. Apesar de vivermos um longe do outro e não estarmos juntos no dia a dia, temos por esse motivo uma forte conexão.

Espero que nossos diálogos e reflexões beneficiem todos que os lerem. O que não trouxer benefício, deixem de lado. Mas coloquem em prática o que sentirem que lhes faz bem, pois só assim pode ocorrer a verdadeira mudança. Esse é o nosso objetivo e espero que ele se realize.

Agradeço muito a todos que colaboraram para a criação deste livro, assim como aos que tornaram minha vida significativa.

LAMA MICHEL
23 DE JULHO DE 2015

Prefácio por Bel Cesar

Em abril de 2014, Lama Michel Rinpoche deu uma palestra intitulada "Como abrir o coração respeitando os próprios limites", na Sede Vida de Clara Luz, em São Paulo. Quando lhe pedi para falar sobre a natureza do amor, já tinha em mente o propósito de escrever este livro em forma de diálogo. Outros ensinamentos realizados no Centro de Dharma da Paz e no Sítio Vida de Clara Luz também foram incorporados. À medida que líamos juntos um texto elaborado por mim, outras perguntas e respostas foram surgindo. Que prazer conversar sobre o Grande Amor quando há amor presente na conversa!

Vou contar um pouco de nossa história. Em abril de 1987, organizei a primeira visita de Lama Gangchen Rinpoche ao Brasil. Nossa conexão foi imediata. Apenas poucos dias após nos conhecermos, ele me incubiu da tarefa de abrir o seu primeiro centro de Dharma no Ocidente, fato que ocorreu no ano seguinte, com a inauguração, em São Paulo, do Centro de Dharma da Paz Shi De Chöe Tsog.

Lama Gangchen Rinpoche nasceu no Tibete em 1941. É detentor de uma linhagem ininterrupta de lamas curadores e mestres tântricos. Seu poder de cura se manifesta através da palavra, do corpo e da mente. Rinpoche, como costumamos chamá-lo, pertence à última geração de lamas nascidos no Tibete antes da abertura do budismo de seu país para o Ocidente. Vive na Itália desde 1981, mas viaja pelo mundo ensinando como desenvolver a paz interior para que haja paz mundial. Sua amorosidade e sabedoria inspiram milhares de pessoas a viver melhor. Hoje ele tem muitos discípulos em diversos países.

Nosso primeiro encontro com Lama Gangchen Rinpoche durou doze dias. Após sua partida, Michel, então com 5 anos, veio até mim e disse, logo ao acordar: "Mãe, tem uma coisa estranha acontecendo. Quando eu acordo de manhã, escuto sua voz dizendo: '*Vajrayana, Vajrayana, Vajrayana...*' O que é isso?" Fiquei muito impressionada. Nunca tinha ouvido aquela palavra. Intuitivamente, percebi que meu filho poderia ser a reencarnação de um mestre budista. Como acabara de traduzir a biografia de Lama Gangchen Rinpoche para o português, e por isso sabia que no Tibete uma criança reconhecida como *tulku*, a reencarnação de um lama, era levada cedo para um monastério, fiquei assustada. Contei esse evento somente para o seu pai, Daniel Calmanowitz. Naquela época não havia uma literatura sobre o budismo tibetano traduzida para o português, muito menos internet, mas descobri em minhas pesquisas que *Vajrayana* é o mais alto caminho do budismo ensinado no Tibete.

Nos anos seguintes, viajamos com Lama Gangchen Rinpoche em grupos pequenos, para visitar monastérios e lugares sagrados da Índia, do Nepal, do Tibete e da Indonésia. O convívio com Rinpoche foi a minha maior formação no budismo. Assimilei os ensinamentos pela sua forma de agir, falar e planejar a vida. Creio que a maior preciosidade que compartilho com o leitor são as frases que Rinpoche nos disse espontaneamente durante essas viagens. Registrei todas que pude. Sempre gostei de fotografar, filmar, gravar e escrever. Atualmente, temos mais de mil horas de áudio e imagens guardadas para as gerações presentes e futuras.

Em fevereiro de 1994, Lama Michel Rinpoche, aos 12 anos de idade, tornou-se monge. Logo depois, acompanhado de seu pai, foi morar na universidade monástica de Sera Me, no sul da Índia. Aliás, essa foi uma decisão de Lama Michel. Ele conta que, quando conheceu o Rinpoche, viu que ele era realmente feliz, diferente dos adultos que, de alguma forma, faziam sempre a mesma coisa:

trabalhavam, formavam famílias e reclamavam da vida. Por isso decidiu tornar-se monge. Queria também ser feliz. Simples assim.

Lama Michel estudou filosofia budista em Sera Me durante doze anos. Sua decisão de tornar-se monge foi totalmente certa. Como costumo dizer, basta conhecê-lo para saber que é isso mesmo: ele é um mestre do budismo tibetano.

Em 2006, Lama Michel foi morar com Lama Gangchen Rinpoche no Albagnano Healing Meditation Center, no Lago Maggiore, Itália. Desde então, todos os anos passa alguns meses estudando no Monastério de Tashi Lhumpo, em Shigatse, Região Autônoma do Tibete, e realiza ensinamentos no Brasil, no Chile, na Itália, na Suíça, na Espanha, na Holanda, na Tailândia e na Indonésia. Ele está sempre ocupado entre ensinamentos, cerimônias budistas, retiros de meditação, organização dos centros de Dharma e realização de inúmeros projetos ao lado de Lama Gangchen Rinpoche. Isso sem falar no número de pessoas que o aguardam para conversar. É um fato. Quando ele vem ao Brasil, preciso agendar nossos encontros com antecedência! Imaginem como foram preciosas as horas que dedicamos à criação deste livro.

Aliás, num encontro com André Argolo, da Editora Gaia, para falarmos sobre o propósito deste livro, Lama Michel comentou: "Minha mãe e eu temos uma relação diferente. Não somos muito de ficar nos falando. Este livro surgiu como uma desculpa para conversarmos com mais frequência. O que nós dois mais gostamos de fazer é falar sobre os ensinamentos budistas". Pura verdade. Por isso, escrevê-lo foi um enorme prazer.

Poucas vezes nos encontramos fisicamente para repassar os textos. Na maior parte das vezes conversamos por Skype, Viber, e-mail ou WhatsApp. A cada conversa, seu olhar crítico, observação minuciosa e poucas palavras levam-me a horas de estudo e reflexão. Seu modo atencioso de escutar e direto de falar amplia minha forma de sentir e pensar.

Espero que o mesmo ocorra com vocês ao lerem este livro. Quem o conhece pessoalmente sabe do que estou falando. Mas, claro, a experiência de ser sua mãe torna este sentimento ainda mais peculiar.

Lama Michel Rinpoche nasceu em julho de 1981. Seu pai, Daniel Calmanowitz, tinha 26 anos e eu 22. Nós nos conhecíamos havia um mês quando engravidei. Não é preciso dizer que esta foi apenas a primeira de muitas reviravoltas que passamos juntos. Vivi com intensidade os primeiros anos de vida do meu filho. Nos divertíamos diariamente. Era muito bom. Para vocês terem uma ideia, repasso aqui o trecho de um relatório que escrevi para a escola, quando ele tinha apenas 6 anos:

Falar do Michel não é nada difícil... ele é para mim, em primeiro lugar, um grande companheiro. Nossos papos vão além de conversas sobre o óbvio. Viajamos para o mundo do além e voltamos para a realidade muitas vezes por dia! O Michel gosta de filosofar. Refletir sobre o sentido de uma palavra, de uma ação. Quer saber o porquê de tudo. Sua maneira de falar, cheia de gestos e com palavras de gente grande, tornam a conversa interessante, cativante. Fico muitas vezes surpreendida com a sua capacidade de absorver informações e de já trazê-las de forma tão elaborada. Nossos maiores papos surgem no carro, principalmente quando estamos na marginal, após um momento de silêncio. Conversamos sobre a morte, sobre as pessoas... enfim, sobre a vida. Quando assistimos ao noticiário da TV, ele também quer saber de tudo: por que se faz greve, o que é inflação, Aids, guerra, pobreza... Ele se preocupa com o bem-estar das pessoas.

Passaram-se mais de 28 anos desde que tudo começou. Em essência, nada mudou. Somos grandes companheiros e gostamos de falar dos mesmos assuntos: o significado da vida e da morte. Continuamos tendo boas conversas após nossos longos momentos de silêncio.

Com amor,
BEL CESAR
9 DE MAIO DE 2015

Capítulo 1

A natureza do Grande Amor

BEL

Lama Michel, quando temos a oportunidade de sentir o amor genuíno, mesmo que por um breve momento, nós o guardamos na memória como um recurso inesgotável. Basta dedicarmos alguns instantes para recordá-lo que o amor volta a surgir. Mas o que comumente chamamos de amor não tem esse significado tão profundo.

LAMA MICHEL RINPOCHE

Usamos muito a palavra amor ou nos referimos a esse sentimento sem saber exatamente o que significa. Quando o amor brota de forma espontânea, podemos procurar por todas as palavras imagináveis para descrevê-lo, mas elas nunca serão suficientes. Antes de tudo, é preciso ter clareza sobre os nossos sentimentos, pois só assim teremos habilidade para reconhecê-los.

BEL

Nossos sentimentos são complexos, carregados de experiências e significados. Quando digo "eu te amo", posso estar falando de muitas coisas ao mesmo tempo. Como o budismo tibetano define o amor?

LAMA MICHEL RINPOCHE

O amor é um dos estados elevados de consciência que geram alegria e satisfação. Ele se manifesta de várias formas e tem muitas faces.

Em tibetano há duas palavras diferentes, *djam-tse* e *dö-pa*, que significam, respectivamente, "eu te amo" e "eu te desejo". No Ocidente, o amor vivido por um casal tem, comumente, o sentido de desejo. Equivale a "preciso de você para ser feliz". Já no budismo, amor tem outro sentido: "quero que você seja feliz". A diferença é clara. Mas nada nos impede de amar e desejar uma pessoa.

BEL

Desejo e amor geram muita confusão nos relacionamentos. Creio que parte disso decorre da própria história do amor no Ocidente. Existe uma ambivalência entre amor pagão, Eros, e amor cristão, Ágape. Um é mundano, o outro é sagrado. Enquanto Eros exalta a atração, o desejo de ter mais e mais prazer, Ágape representa o amor divino, o sentimento de humanidade. De uma forma ou de outra, este conflito é mais evidente nos dias atuais. Enquanto o desejo está em alta, como uma marcha em prol da liberdade de ser e fazer o que se quer, o amor está em baixa, pois os princípios éticos que orientam a conduta humana para uma convivência mais harmoniosa estão mais frágeis a cada dia.

É fundamental reconhecer a aspiração profunda de que o outro seja feliz não como algo inatingível, pertencente apenas aos seres sagrados, mas como uma força interior, possível a todos que quiserem cultivá-la. Para mim, esse é o Grande Amor.

LAMA MICHEL RINPOCHE

Todos nós, independentemente de quem somos, temos uma grande força interior que nos impele a fazer tudo o que fazemos, por mais simples que seja uma ação. Desde acordar de manhã e tomar café até sentar para meditar, divertir-se ou trabalhar. Em tibetano, essa força chama-se *sepa*, que significa "desejo". Não se trata de desejo no sentido comum, de querer algo, mas sim uma aspiração profunda e espontânea que todos têm dentro de si: de ser feliz e não sofrer. Esse desejo de querer ser feliz e não sofrer é o que determina todas as nossas ações.

Muitas vezes agimos de acordo com o que acreditamos ser o melhor e depois percebemos que nossa escolha não passou de um engano. Isso acontece porque somos guiados pela ignorância. É essencial reconhecer nosso impulso de buscar incessantemente a felicidade, pois isso nos leva a tomar atitudes que, com o tempo, só geram sofrimento. Em algumas ocasiões, até agimos com certa sabedoria, temos a capacidade de reconhecer o que nos faz bem. Porém, na maioria das vezes, somos levados pela incapacidade de ver e compreender os fatos.

BEL

Quando você diz que somos guiados pela ignorância, está se referindo aos nossos hábitos mentais negativos? Aos hábitos que temos e não nos damos conta?

LAMA MICHEL RINPOCHE

Claro! Mas vamos ver como eles se formam. No princípio da vida, esse impulso de buscar a felicidade se manifesta de forma bem simples: se está muito frio, queremos nos aquecer; se estamos com fome, queremos comer; se não gostamos de uma pessoa, queremos que ela se distancie; se gostamos dela, queremos que permaneça perto de nós. E assim vai. Há momentos em que o objetivo imediato é apenas sair do sofrimento.

Se observarmos com atenção o que ocorreu ao longo de nossas vidas, veremos que inúmeras vezes nossa força interior nos impulsionou dessa maneira. Somos assim. Contudo, isso não é suficiente. Se fosse, muita gente já estaria bem, pois evitaríamos todas as condições de sofrimento à nossa volta e só criaríamos situações de prazer. Podemos criar inúmeras condições materiais favoráveis, mas, no final das contas, elas sempre serão insuficientes. Alguma coisa não mantém o estado de alegria e satisfação que buscamos.

Capítulo 2

Os três tipos de sofrimento

BEL

Os textos budistas citam três tipos de sofrimento. Antes de prosseguir, acho que vale a pena falar sobre isso.

LAMA MICHEL RINPOCHE

Vou tentar explicar de uma forma simples. O primeiro, *sofrimento do sofrimento*, é qualquer sensação corporal ou mental desagradável. No corpo ele se manifesta, por exemplo, como uma sensação de muito calor ou muito frio, mal-estar, fome... Desde o menor desconforto até uma dor imensa. Na mente pode surgir como insatisfação, tristeza, raiva, ciúme, depressão... Não preciso explicar muito, pois conhecemos isso muito bem.

O segundo, *sofrimento da mudança*, decorre de todas as experiências de prazer e felicidade mundanos. Costumamos repetir essas experiências ao longo da vida. Por exemplo, comer algo de que gostamos causa prazer, mas, se continuarmos a comer cada vez mais e mais, em vez de prazer, teremos sofrimento. Aí está o problema. Assim que o sofrimento passa, buscamos um novo prazer, que também se transforma em sofrimento.

O terceiro é o *sofrimento que tudo permeia*. Está em nosso corpo, em nossa mente, no mundo em que vivemos. Mas não conseguimos percebê-lo diretamente porque somos seres comuns. Enquanto nossa mente estiver contaminada por ignorância, inveja, apego, ciúme e outros venenos mentais, iremos sofrer, independentemente de onde estejamos e do que quer que façamos.

Capítulo 3

É preciso parar de procurar satisfação onde ela não está

BEL

Todos nós queremos um estado de bem-estar constante. Mas, se não tivermos clareza do que buscamos, poderemos buscar no lugar errado.

LAMA MICHEL RINPOCHE

É preciso parar de procurar satisfação onde ela não está. Um bom exemplo é a história do homem que procurava as suas chaves debaixo de um poste de luz. Na tentativa de ajudá-lo, alguém perguntou onde ele tinha perdido as chaves. "Na outra rua", ele respondeu. "Então por que está procurando aqui?" "Porque aqui tem luz, lá não." Quantas vezes colocamos energia em algo sabendo que lá não está a solução? O caminho pode parecer mais fácil, porém é inútil.

O bem-estar constante surge da capacidade de reconhecermos nossa satisfação interna. Em tibetano, a palavra para satisfação é *tsog-schen*. A ideia é não querer mais do que temos, pois já temos o suficiente. Podemos até obter mais; no entanto, não é preciso, já estamos satisfeitos.

Apesar de sabermos que a felicidade material, os prazeres sensoriais e a autoimagem são coisas momentâneas, passamos a vida trocando de brinquedos. O problema não está nos brinquedos, mas sim na brincadeira. Não está no dinheiro nem nos prazeres sensoriais, mas no fato de projetarmos neles a ideia de felicidade estável.

Isso porque o resultado da satisfação sensorial é a insatisfação emocional. Acabou? Quero mais! Ou pelo menos quero manter o mesmo nível de satisfação, o que não é possível.

Sempre me lembro do meu professor Guen Lagpa, do monastério da Índia.[1] Uma vez, quando voltei de uma viagem, levei dois pares de meia para ele. Quando os entreguei, ele disse: "Não, obrigado". Eu perguntei por que não queria as meias e ele respondeu: "Porque já tenho dois pares". "Dois?" "É, dois. Um eu uso e o outro eu lavo. Para que preciso de mais?" Insisti: "Mas veja como suas meias estão velhas". Lembro que o elástico das meias já estava frouxo e ele colocava um elástico com um pedaço de papel para segurá-las. Guen Lagpa continuou: "Mas eu estou feliz com as meias que tenho, para que preciso de mais? Se eu achar que preciso de mais, vou sempre querer mais". Depois ele percebeu que eu fiquei "meio assim" e disse: "Tá bom, aceito o presente". Não se passaram dois dias e eu vi outro monge com as meias que dei para Guen Lagpa. Não que não tivesse gostado das meias, mas para ele dois pares eram suficientes.

BEL

É próprio da sociedade capitalista as pessoas se sentirem insatisfeitas, tornarem-se compulsivas, quererem mais e mais. Aliás, esse comportamento é da natureza humana, mas fica ainda mais exacerbado com tantos estímulos externos. Nosso cérebro nunca para de processar ciclos de insatisfação e bem-estar, ativação e relaxamento. Guen Lagpa sabe reconhecer sua satisfação, sabe o que lhe gera bem-estar, e assim mantém sua vida em movimento. Quando isso ocorre, a vida flui.

---

[1] Uma das três grandes universidades monásticas da linhagem Gelugpa do budismo tibetano é Sera Me. Foi fundada em 1419, perto de Lhasa, a capital do Tibete. Em 1959, por causa dos conflitos políticos entre China e Tibete, muitos lamas se refugiaram em Bylakuppe, Mysore, no sul da Índia, onde Sera Me foi erguido com a ajuda do governo indiano. Foi nesse monastério que Lama Michel Rinpoche viveu dos 12 aos 24 anos.

Capítulo 4

As oito preocupações mundanas

BEL

Precisamos do desejo para nos mantermos vivos. Sair em busca de alimento, relacionamentos, segurança e estímulos para criar. O desejo nos impulsiona a seguir adiante, não deixa que nos acomodemos. É uma mistura de vontade, medo e insatisfação. Se, por um lado, o desejo contribui para a continuidade da nossa existência, por outro, faz surgir o apego. Aí está o problema. Nós nos agarramos ao objeto de desejo porque projetamos nele uma satisfação que ele não é capaz de nos dar. Não há nada que possa nos satisfazer para sempre.

LAMA MICHEL RINPOCHE

Se soubermos reconhecer verdadeiramente o que nos dá satisfação, poderemos ter ou não mais coisas sem sofrer com isso. O apego traz um sofrimento enorme porque gera aversão e ódio. Vamos falar de um problema atual: a escassez de água. Quando consigo água, logo penso que é *minha*. Como sei que há pouca água onde estou, o que faço se uma pessoa se aproxima dizendo que está com sede? Escondo a água. Basta sua intenção de beber a *minha* água que já sinto uma certa aversão por ela. Da aversão nasce o conflito, que é o oposto do bem-estar. Até então a água era uma fonte de bem-estar, agora gera medo e desconforto. Se alguém quiser de fato a *minha* água, o conflito pode até acabar numa briga violenta. Quantas vezes o conflito gerado é muito maior que o prazer inicial que tivemos com o nosso objeto de apego!

BEL

Então o ideal é reconhecer o momento em que nos sentimos satisfeitos quando temos prazer.

LAMA MICHEL RINPOCHE

Outro dia uma pessoa comentou que não sabia se comprava um novo modelo de celular. Ela disse que não precisava, mas queria. É isso mesmo: hoje não temos as coisas porque precisamos delas, mas simplesmente porque as queremos. Imagine como seria a vida se não quiséssemos tanto. Seria mais fácil, mais relaxada.

BEL

Isso também se aplica à necessidade que temos de ser vistos, reconhecidos e elogiados. Já imaginou como seria a vida se fôssemos menos carentes?

LAMA MICHEL RINPOCHE

O problema é que estamos presos aos oito dharmas mundanos, também chamados de *oito preocupações mundanas*: ficar feliz quando se consegue um bem material; ficar infeliz quando não se consegue um bem material; ficar feliz quando se tem um prazer sensorial; ficar infeliz quando se tem um desprazer sensorial; ficar feliz quando se tem boa reputação; ficar infeliz quando se tem má reputação; ficar feliz quando se é elogiado; ficar infeliz quando se é criticado.

Só que o problema não está no prazer sensorial, nos bens materiais nem na autoimagem, mas sim no fato de projetarmos neles a nossa felicidade. Todo bem-estar material é passageiro. O objeto de prazer pode continuar onde estava, porém chega um momento em que ele não nos traz mais felicidade. Até o carinho físico, quando exagerado, pode nos irritar. A insatisfação vem do fato de termos a expectativa de obter algo que, por si, não se sustenta.

Comida é um bom exemplo. Se experimentarmos uma coisa muito gostosa e a comermos todos os dias, em algum momento ela vai se tornar banal. Então vamos precisar de outra coisa. Há pessoas que estão acostumadas a ter sempre coisas gostosas, não aceitam nada que contrarie o seu prazer. Quantas vezes vi isso em viagens ao Tibete, à Índia ou a outro lugar! O sofrimento é absurdo. Elas não só passam o dia todo falando disso como ficam a viagem inteira atrás de alguma coisa para comer. Não está gostoso? Tudo bem, vamos comer numa boa, não é preciso sofrer.

Tive a oportunidade de treinar muito a minha mente em viagens à China. Os chineses comem um tipo de pepino-do-mar (*sea cucumber*, em inglês), que achei terrível. É um ser de uns quinze centímetros, meio pontudo, preto, que a gente mastiga e não se desmancha. No início eu não conseguia comer. Mas bastou mudar uma coisinha na minha mente e... pronto! Comi numa boa. Isso não significa que eu goste, sinta prazer, mas também não me traz nenhum grande desgosto.

Não há nada de errado com os prazeres mundanos. O problema é para onde e como os direcionamos. Porém, se observarmos quanto do nosso interesse, tempo e energia colocamos neles, veremos que é demais.

BEL

Você está dizendo que não há nada de errado com o desejo. Sem dúvida, é muito importante esclarecer essa questão. Gosto muito do livro *Aberto ao desejo*,[2] do psicoterapeuta norte-americano Mark Epstein, que integra budismo e psicanálise. Ele difere desejo de anseio: o desejo nos lança para fora de nós mesmos, é aquilo que nos confere vitalidade e individualidade ao mesmo tempo; anseio é a nostalgia de completude em face da enorme imprevisibilidade da condição humana. Dessa forma, o desejo é natural. Se tentarmos expulsá-lo, ele voltará como uma vingança; se não estivermos em contato com os nossos desejos, não poderemos ser nós mesmos.

Na filosofia budista o conceito é outro. A palavra que Buddha Shakyamuni usou para descrever a causa do *duk-kha*, ou seja, a causa do sofrimento, foi *tã-ha*, que tem a conotação do que podemos chamar de apego: a tentativa de agarrar-se a uma experiência que não se pode

---

[2] EPSTEIN, Mark. *Aberto ao desejo*. São Paulo: Gaia, 2005. p. 15.

reter e não o desejo de felicidade ou completude. Enfim, focar nossa energia em tornar a vida significativa. Isso faz muita diferença.

LAMA MICHEL RINPOCHE

A forma mais simples de verificar o quanto somos ou não apegados às aparências deste mundo é observar as oito preocupações mundanas. Gostamos quando uma pessoa diz "você é muito legal, gostei daquilo que fez". Mas o que acontece quando fazemos algo achando que foi o máximo e ninguém nos elogia? Sofremos! Na cultura ocidental está muito arraigado o hábito de elogiar, como também o de dizer "eu fiz isso, eu fiz aquilo, que legal!". Nos monastérios budistas é bem diferente. Lembro quando recebi um prêmio por ter tirado o se-gundo lugar no exame de debate da minha classe, que tinha setenta monges. Só fiquei sabendo do prêmio quando cheguei na cerimônia, onde havia 1500 monges. Uma pessoa leu nome por nome, disse a nota que tiramos, e os cinco primeiros foram até a frente para receber a *kata*.[3] Quando me chamaram, eu fui lá, recebi a *kata* e... ah!, que sensação! Quando cheguei em casa ninguém falou nada. Eu esperava que meu professor dissesse "parabéns, que legal!" Mas nada! Nem meia palavra. Nem dele, nem de ninguém. Aquele momento acabou. E o que isso pode trazer? Sofrimento. Por quê? Porque eu tinha uma expectativa, projetei a minha felicidade no fato de ter boa reputação, ser elogiado, e aquilo não aconteceu. O mesmo ocorre quando fazemos algo sabendo que é errado. Se alguém fala "você errou", também sofremos. Na realidade, que diferença faz o reconhecimento ou a crítica? Nenhuma, absolutamente nenhuma.

É importante observar, no dia a dia, quanto projetamos a felicidade em alguma coisa. Veja como nos vestimos. Usamos determinadas roupas porque gostamos ou porque queremos passar uma boa imagem? Fazemos algo por acreditar que é correto ou porque uma certa pessoa vai achar legal e gostar mais de nós? Quando estou no carro

---

[3] *Kata* é uma echarpe de seda, geralmente branca, oferecida como forma honrosa de agradecimento.

com um amigo e um mendigo se aproxima, dou um dinheirinho a ele porque quero ou porque pretendo passar a imagem de que sou generoso? Quantas coisas fazemos pela nossa imagem! Já me peguei várias vezes em situações assim. É divertido observar e dizer para si mesmo "para com isso!".

BEL

Sermos reconhecidos e elogiados quando nos empenhamos em novas conquistas nos reforça positivamente. Muitos pais e educadores evitam elogiar as crianças por receio de torná-las arrogantes e incapazes de lidar com críticas. Ou fazem isso porque acreditam que as crianças ficariam inseguras e dependentes da opinião alheia. O problema é que deixar de avaliar o desempenho delas também traz consequências, pois essa conduta pode ser interpretada como desinteresse e indiferença.

Muitas pessoas são marcadas desde a infância por frases de "teto baixo", que prejudicam sua autoimagem e, na idade adulta, limitam suas ações. Ouvir frases de "teto alto", que geram uma autoimagem positiva, faz a pessoa acreditar que é capaz de superar um desafio quando se sente insegura. É claro que existe uma grande diferença entre um elogio real, sincero, e um elogio irreal, de pura sedução.

LAMA MICHEL RINPOCHE

Um ponto interessante em relação às oito preocupações mundanas é que em nenhum momento é dito que não se deve ter boa reputação ou não receber elogios. Inclusive, um dos votos do Bodhisattva[4] – aquele que está comprometido em atingir a iluminação para o benefício de todos os seres – é ter boa reputação. Se eu tiver uma péssima reputação, como vou ajudar outras pessoas? Quem vai me ouvir? Ninguém.

---

[4] Bodhisattva é a pessoa que, movida por grande compaixão, gerou o desejo espontâneo de atingir a iluminação para beneficiar todos os seres sencientes.

Qual é o verdadeiro problema apontado nas oito preocupações mundanas? As atitudes que nos fazem sofrer. Livre das duas primeiras – ficar feliz quando consigo o objeto de desejo e ficar infeliz quando não consigo o objeto de desejo –, eu estaria livre de boa parte do sofrimento. Isso não significa que eu não possa ter coisas. Se o que preciso está lá, ótimo, que bom, deu certo. Se não consegui algo, tudo bem, a vida segue em frente. Quantas vezes não ficamos remoendo, mastigando por dias e dias a mesma coisa? Como se não bastasse o gosto ruim, ficamos mastigando, mastigando, mastigando, em vez de cuspir ou engolir. A auto-observação é fundamental para sabermos quanto as preocupações mundanas são o centro de nossas vidas. Isso exige uma atenção profunda.

BEL

Não é nada simples compreender o impacto das oito preocupações mundanas em nosso mundo emocional. É preciso ler e ouvir várias vezes comentários sobre elas e depois testar, repetidamente, até absorvê-las como uma ética interna. Seguir um caminho espiritual baseado no desenvolvimento interno é um processo lento, pois exige dedicação constante e um compromisso sincero com esse propósito. Quando pegamos no tranco, vai se tornando um estilo de vida. No início parece que exige mais do que somos capazes de realizar e, depois, torna-se a base de nossa segurança interior.

LAMA MICHEL RINPOCHE

Quanto queremos nos desenvolver espiritualmente? O que desejamos de fato? Lama Gangchen Rinpoche não pratica uma única ação que não seja dedicada ao caminho espiritual, à iluminação. Muitas vezes as coisas dão errado em termos materiais, mas ele dá prioridade ao caminho espiritual. Já vi isso várias vezes. Não houve um momento sequer que eu tenha ouvido o Rinpoche dizer "para tudo, estou cansado". Nunca. Ele está sempre se dedicando aos outros, mas com a motivação determinada de atingir a iluminação.

A saída é usar toda a nossa energia para nos libertarmos das ilusões mundanas, o que no budismo chamamos de "renunciar ao sofrimento". A palavra renúncia talvez não seja a melhor tradução para a nossa cultura. Uma expressão usada em inglês é *definitive emergence*, literalmente, "emersão definitiva". O que se entende por isso? A certeza de poder emergir do sofrimento para um estado de felicidade, desejar algo que, de fato, podemos realizar para a nossa felicidade.

BEL
A ideia de desenvolver renúncia é associada a uma vida sem desejos, sem prazeres mundanos, uma vida austera, triste, pesada.

LAMA MICHEL RINPOCHE
Mas é exatamente o contrário. Renúncia significa renunciar ao sofrimento e às causas do sofrimento. Eliminar o que não nos faz bem para dar lugar a uma felicidade muito maior. Todos os grandes mestres que conheci até hoje são exemplos claros de pessoas muito felizes. Eu me refiro, principalmente, àqueles com quem tive um contato mais direto, como Lama Gangchen Rinpoche e Gueshe Yeshe Wangchuk.[5]

Gueshe Yeshe Wangchuk, um dos mestres do Rinpoche, foi um dos mais renomados mestres contemporâneos. Faleceu em 1997. Era uma pessoa de grande sabedoria e realização espiritual. Tinha carisma, carinho e sabedoria, além de um incrível nível de conhecimento. Era uma pessoa alegre, sempre estava bem. Ele e muitos outros *lamas*[6] passaram por situações de grande dificuldade e mantiveram um estado de alegria. Isso acontece porque acessam essa alegria de outro lugar, não apenas das condições que estão à sua volta.

---

[5] Gueshe Yeshe Wangchuk nasceu em 1928 na região de Kham Tarlam, leste do Tibete, e entrou para a vida monástica aos 8 anos de idade. Na época da ocupação chinesa, foi preso e levado para campos de trabalhos forçados. Até falecer, em 1997, voltou todos os seus esforços para preservar a religião budista no Tibete.

[6] *Lama* é a tradução tibetana para a palavra sânscrita "guru". É um mestre capaz de nos ensinar os métodos adequados para superarmos os nossos sofrimentos e aperfeiçoarmos nosso corpo, palavra, mente, qualidades e ações.

BEL

É aí que tocam a essência. Nosso problema é não sabermos que é possível acessar a felicidade desse outro lugar. Por isso, sempre a buscamos fora de nós.

É bastante comum ouvirmos a máxima "a felicidade está dentro de você", só que não entendemos realmente o que isso quer dizer. Certa vez, quando estávamos em Borobudur,[7] Lama Gangchen Rinpoche nos falou sobre o sentimento de incompletude: "Frequentemente sentimos falta de algo quase imperceptível, algo que não é mental, intelectual. Até mesmo nas situações privilegiadas, em que pensamos estar satisfeitos, logo surge esse sentimento sutil de que algo nos falta. Temos, então, a prova de que a vida material não é suficiente, e por isso saímos em busca de algo espiritual. Esse algo que nos falta é *tocar* o nosso próprio potencial de paz." Seria isso tocar a nossa essência?

LAMA MICHEL RINPOCHE

Sim, é possível tocar essa essência, seja qual for a situação em que nos encontrarmos. É um estado interior, a nossa identidade mais profunda. Um aspecto do nosso ser que existe independentemente de onde, com quem ou como estivermos. Quando não entramos em contato com a nossa essência, nós a buscamos fora de nós. O mundo à nossa volta é um reflexo de como nos comunicamos com nós mesmos.

BEL

Ao nos interiorizarmos, tocamos a base de nossa sustentação. A essência seria a plataforma sobre a qual podemos pousar para nos reequilibrarmos. Mas vivemos o oposto. O estresse do cotidiano é tão grande que a busca por alívio em algo que nos dê prazer é vista como uma questão de sobrevivência. Além disso, vivemos atualmente uma

---

[7] Borobudur é um monumento de pedras vulcânicas construído em forma de mandala no século VIII, na ilha de Java, Indonésia. No século XIII, Atisha Dipamkara Shrijnana, o grande mestre indiano responsável pelo ressurgimento do budismo no Tibete, foi à Indonésia para receber ensinamentos com o grande mestre indonésio Serlingpa, levando-os depois para a Índia e o Tibete. Os ensinamentos do budismo tibetano se adaptam perfeitamente a Borobudur.

ditadura do prazer: temos que gozar a todo momento, senão perdemos a "parte boa" da vida.

LAMA MICHEL RINPOCHE

Os parâmetros de felicidade que o mundo nos impõe são ilusórios. Basta ver a publicidade. Qual é a imagem de felicidade que se tenta passar? E por meio do quê? Dinheiro, bem-estar econômico, prazeres sensoriais, imagem pessoal, importância social, admiração... Por que comprar tal carro? Porque vão achar que sou legal ou uma pessoa importante. Esta é a imagem ideal da nossa sociedade. A imagem de felicidade baseada no bem-estar econômico é uma grande armadilha, uma grande ilusão.

BEL

Pois é, creio que muitos já compreenderam que é mesmo uma ilusão, mas não têm o propósito de se desenvolverem interiormente. É preciso muita lucidez para atingir a compreensão dos valores e das virtudes que queremos cultivar. São esses valores e virtudes que organizam nosso mundo interior, alimentam o significado da vida, norteiam nossas escolhas e prioridades. Não é simples nem fácil. Se não quisermos cair no senso comum, nessa loucura generalizada, numa existência sem sentido, temos que nos conectar cada vez mais com os nossos princípios.

LAMA MICHEL RINPOCHE

Se alguém disser "você não deve se apegar ao que ganhou nem ter aversão às perdas", será considerado louco. Somos educados para agir exatamente ao contrário: fazer de tudo para obter ganhos e não aceitar perdas. Uma pessoa terá sucesso se ganhar muito e perder pouco.

BEL

O budismo nos faz ver a vida sob outro prisma. Sua prática é um exercício constante de autorreeducação. Seguir esse caminho sem cair na autocrítica exagerada é uma arte.

LAMA MICHEL RINPOCHE

Meu mestre Guen Lagpa dizia: "Nós, seres humanos, temos um grande potencial de compreensão, de direcionamento da mente e das emoções. Se não usarmos esse potencial e vivermos apenas para evitar o sofrimento e ir atrás do prazer, que diferença haverá entre nós e uma vaca?" Ele usava esse exemplo porque no monastério, no meio do campo, tinham muitas vacas. Se houvesse um pasto fresco e outro seco, para qual elas iriam? Para o fresco, naturalmente, pois buscam o prazer. Assim como vão para a sombra quando o sol está muito quente, a fim de evitar sofrimento.

BEL

Creio que temos uma mente imediatista e com um único foco: queremos ver o resultado rápido demais, não olhamos para os lados, não ampliamos nossas escolhas. Chögyam Trungpa Rinpoche,[8] outro grande mestre, deu um bom exemplo para descrever nossa mente ansiosa. Ele comparou a meditação com a entrega de uma enorme e aprazível campina a uma vaca intranquila. Ela poderá ficar agitada até certo ponto mas, ao levantar a cabeça, verá o espaço e a intranquilidade vai se tornar irrelevante. Como não haverá motivo para temer a falta de alimento, passará a comer lentamente.

---

[8] Chögyam Trungpa Rinpoche (Tibete, 1939 – Canadá, 1987) foi um polêmico mestre de meditação do budismo tibetano. Abandonou os votos monásticos e se tornou mentor de muitos adeptos da contracultura norte-americana da década de 1970, adaptando os ensinamentos budistas à cultura ocidental.

Trungpa Rinpoche dizia que meditar é trabalhar a nossa pressa, pois só assim a mente tem condições de relaxar. Se buscarmos um estado de tranquilidade e calma extremos para nos prevenir contra a intranquilidade, teremos um constante senso de paranoia e limitação. Sentiremos a necessidade de permanecer em guarda contra repentinos acessos de paixão ou agressividade, que podem se apossar de nós e nos fazer perder o controle. Essa defesa limita o campo da mente, não aceita o que quer que aconteça. Muitas vezes sofremos desnecessariamente porque tememos ter uma visão panorâmica da vida e por medo de nós mesmos.

LAMA MICHEL RINPOCHE

Nesse estágio o sofrimento já está presente, como também o medo de que algo ruim aconteça. Então pré-sofremos, sofremos e ressofremos. Em muitos casos, o medo de sofrer é maior que o próprio sofrimento. Na verdade, o que queremos não é uma determinada comida, um certo carinho ou estar em um lugar especial. O que buscamos, de fato, é a *sensação de satisfação*, aquele estado interior em que sentimos que tudo está bem, nada fora do lugar, em que não desejamos nada.

Capítulo 5

A importância de nos distanciarmos do objeto de desejo para observá-lo

BEL

As oito preocupações mundanas fazem parte da vida cotidiana e do nosso condicionamento mental. Mesmo compreendendo racionalmente o quanto nos fragilizam, é difícil abandoná-las.

LAMA MICHEL RINPOCHE

É preciso ir devagar. Superar as oito preocupações mundanas é um processo, ocorre passo a passo. Começamos por treinar a mente a não projetar a felicidade ou a infelicidade no fato de obter ou não um objeto de desejo. É muita pretensão achar que devemos ter tudo o que queremos. Você pode dizer "eu quero, e daí?" ou, então, "eu preciso". Será mesmo? Podemos nos questionar, refletir antes de ir em busca de algo. *Precisar* implica a ideia de que tal objeto exerce a função de que necessito para realizar alguma coisa. *Querer* apenas aponta para a satisfação de um desejo. Como a gente já sabe muito bem, o resultado de satisfazer um desejo é ter mais desejos, o que inevitavelmente leva à insatisfação. É importante saber que a satisfação de domar um desejo é maior do que a de realizá-lo. Domar o desejo não significa esmagá-lo ou fazer de conta que ele não existe. Domar o desejo é estar diante de um objeto e dizer para si mesmo: "Eu te desejo mas, como sei que você não me faz bem, não vou atrás de você. Estou bem como estou."

BEL

Seria maravilhoso ter essa autoridade interna no momento em que nos propomos a pensar assim. Mas acontece que, devido ao estresse crônico e ao uso de drogas lícitas ou ilícitas, a capacidade de manter o foco, de executar tarefas até o fim e de tomar decisões está cada vez mais comprometida. Estudos da Neurociência têm revelado que o impacto do estilo de vida moderno sobre o cérebro é muito prejudicial. Digo isso porque, mesmo pretendendo ter mais controle sobre os desejos, nós nos tornamos reféns de um cérebro fraco se não ficarmos atentos ao nosso estilo de vida. Dormir e alimentar-se corretamente são bons exemplos. Quem dorme pouco ou mal tem menos domínio sobre si mesmo. Então, a cada decisão, a pessoa tem de fazer um esforço maior para se autocontrolar, não ser imediatista. E sofre muito com isso.

LAMA MICHEL RINPOCHE

Dominar um desejo não é o mesmo que fazer um sacrifício, é resultado de reconhecermos o nosso próprio jogo mental. Quando conseguimos fazer isso, sentimos bem-estar. O desejo é uma corrente que nos prende. Quando conseguimos domá-lo, surge uma sensação de leveza e liberdade. Só então podemos nos perguntar: "Qual é a importância que quero dar a esse desejo em minha vida? Ele me traz uma satisfação verdadeira ou me faz gastar energia e dinheiro, para depois gerar mais insatisfação?"

BEL

Bem, a gente pode pensar que assim não vale a pena fazer nada...

LAMA MICHEL RINPOCHE

Não ter desejos não quer dizer ficar parado e não querer nada. Significa não projetar a nossa felicidade em algo que não se sustenta. É ótimo fazer mil coisas em benefício de si mesmo e de outras pessoas. O problema surge quando damos espaço a situações que não resultam em benefícios verdadeiros. Para mudar, podemos começar assim: "Se quero, vou ficar querendo, daqui a pouco passa". Estamos acostumamos, desde a infância, com a ideia de que, se queremos algo, temos que obter, quase como uma lei. Assim nos condicionamos à ideia de ter tudo. Se não conseguimos, a culpa é de quem não nos deu. Por isso é preciso refletir sobre o grau de importância que damos a cada um de nossos desejos, observar se eles nos ajudam ou não. Dessa forma, podemos escolher quais desejos seguir, sem reprimi-los.

BEL

Percebo que você está falando sobre a importância de termos um certo distanciamento entre nós e o objeto, para ser possível observá-lo. Quando nos sentimos sobrecarregados por nossas emoções ou por condições externas, temos que nos dar conta de que estamos sentindo-as perto demais e, assim, perdemos a visão panorâmica dos fatos, de tudo o que nos permite pensar, compreender e sentir.

Há um exercício simples que nos ajuda a perceber, intuitivamente, como tal situação, pessoa ou objeto se encontra em relação a nós. Fechamos os olhos e nos perguntamos: "Onde essa pessoa ou situação se encontra? Está dentro ou fora do meu corpo? Se está fora, de que lado? Perto ou longe demais?" Uma vez que a localizamos, iremos ver como nos sentimos. Confortáveis ou desconfortáveis? Então podemos reposicioná-la, deixando-a mais próxima ou mais distante, conforme sentimos necessidade. Algumas vezes temos que visualizá-la fora de nós, para não nos sentirmos invadidos; outras, é preciso trazê-la para dentro de nós, a fim de não nos sentirmos isolados. Se nos distanciarmos do objeto que nos incomoda, estabeleceremos o espaço suficiente para distingui-lo com serenidade. Algumas pessoas imaginam esta cena; outras, simplesmente *sentem*. Inicialmente, é bom ter um profissional nos ajudando nesse processo.

Detalhe: sempre que tentarmos nos livrar de algo que nos perturba, mandando para o espaço, a perder de vista, corremos o risco de dar-lhe autonomia, e ele voltará a nos perturbar! Não basta estabelecermos uma distância confortável e nos sentirmos bem. É preciso mudar a relação com o objeto que nos perturba.

Uma coisa é afastar algo para não vê-lo, outra é distanciá-lo para compreendê-lo melhor. Neste exercício, criamos espaço para observar tanto a natureza daquilo que nos perturba como o seu efeito sobre nós.

Para neutralizar nossas projeções sobre a realidade externa, temos que perceber, antes de tudo, o que está acontecendo dentro de nós. Precisamos sair do estado de pressão, criar espaço para nos movermos, seja com as emoções, seja com os pensamentos. É preciso parar e distanciar-nos da sobrecarga emocional frente aos fatos, para que ela não nos domine. Quando nos sentimos sobrecarregados, temos a sensação de não ter mais espaço interior para sentir ou pensar, pois haverá sempre algo nos obstruindo, impedindo-nos de seguir adiante.

Em 1988, quando Lama Gangchen Rinpoche esteve em São Paulo, também se referiu à importância de termos um espaço saudável entre nós e o mundo à nossa volta: "A cidade parece estar em guerra. Os sons, a tensão... Você explode se deixar tudo isso entrar na sua mente. O som que entrar, deixe sair. Faça o mesmo com os seus pensamentos. Se um problema vier pela direita, deixe a direita. Se vier pela esquerda, deixe a esquerda. Se ele ficar na sua mente e se tornar o centro da sua vida, você vai explodir." Então perguntei: "Alguns problemas entram em nossa vida lentamente e, por isso, podemos reconhecê-los, deixá-los em seu lugar e observá-los. Mas o que fazer quando nos pegam de surpresa e nos atingem de frente?" Rinpoche respondeu: "Se você estiver dirigindo numa estrada e, subitamente, encontrá-la bloqueada pela neve, terá que parar para retirar a neve do meio da estrada, colocá-la um pouco à direita, um pouco à esquerda. Assim a estrada estará novamente livre. O mesmo você deve fazer com os seus problemas."

LAMA MICHEL RINPOCHE

Sim. Uma pessoa não encontrará solução para o seu problema enquanto estiver sem espaço interior. Sem espaço, nos fixamos na única realidade a que estamos presos, vivemos qualquer situação como se fosse a única coisa que existe no Universo. É como estar dentro de uma bolha. Mas a vida não é feita só disso, há muitas outras coisas para lidar.

BEL

Se ela estiver dentro de uma bolha com o problema, a primeira coisa a fazer é colocar o objeto de conflito fora da bolha. Lama Gangchen Rinpoche nos fala sobre a Terapia do Espaço em seu livro *NgelSo: Autocura Tântrica III*,[9] no qual há um comentário interessante sobre isso: "Em nosso estado normal, a mente nunca aceita o espaço. Vemos o espaço como os 'espaços' entre os objetos que nos fascinam, entediam ou repugnam. Não entramos realmente em contato com o espaço. Além disso, no mundo interno da mente, somos tomados pela dança de nossas emoções e pelas energias mentais sempre em mutação; nunca focalizamos o espaço entre os pensamentos e as emoções. Se pudermos entrar em contato com o espaço dos mundos interno e externo, nunca nos sentiremos desconfortáveis. Mesmo em situações muito atribuladas ou cheias de gente, nunca nos sentiremos sós ou nervosos quando não houver mais ninguém por perto. Se estivermos em contato com o espaço, quando as pessoas nos disserem coisas ruins, nos ofenderem ou nos causarem problemas, veremos simplesmente que elas estão sofrendo. A experiência profunda do espaço dissolve todas as reações negativas."

---

[9] RINPOCHE, Lama Gangchen. *NgelSo: Autocura Tântrica III*. São Paulo: Gaia, 2002. p. 349.

Capítulo 6

Somos as qualidades que cultivamos interiormente

BEL

No capítulo anterior, você ressaltou que o sofrimento existencial não está nos bens materiais, nos prazeres sensoriais nem mesmo na autoimagem, mas sim no fato de projetarmos a nossa identidade e a nossa felicidade no mundo externo. Isso é claro, mas nada óbvio. Temos pouca consciência de uma identidade pessoal. Quem somos de fato? Atualmente, as grifes definem quem são as pessoas. Uma bolsa de couro de jacaré de um famoso estilista custava, anos atrás, 300 mil reais. Uma pessoa era capaz de pagar, na época, o valor de um pequeno apartamento para deixar a sua suposta marca presente no meio social.

Ivan Capelatto diz que quem tem autoestima vive de acordo com a sua ética interna.[10] O que gera a confiança e a valorização de si mesmo é a ética interna e não a estética, a imagem que aparentamos. Aí nos deparamos com um desafio: como cultivar a ética interna numa sociedade em que os valores são desrespeitados?

---

[10] CAPELLATO, Ivan. O amor na Era da Sobrecarga. *Programa Café Filosófico*, TV Cultura, 2006. Capelatto é psicólogo clínico e psicoterapeuta de crianças, adolescentes e famílias. É também fundador do Grupo de Estudos e Pesquisas em Autismo e Outras Psicoses Infantis (Gepapi) e supervisor do grupo de estudos e pesquisas em psicopatologias da família na infância e adolescência de Cuiabá e Londrina.

Em que a estética tem mais relevância que a ética, a esperteza conta mais que a inteligência, a beleza supera o que moralmente é bom, o dinheiro é usado para comprar tudo – num mundo assim, certamente alguma coisa está errada. Como construir uma autêntica identidade nessas circunstâncias?

LAMA MICHEL RINPOCHE

Em geral, quando alguém nos pergunta quem somos, dizemos nosso nome, quem são nossos pais, o que fazemos, o que temos e assim por diante. É natural responder assim, mas isso é pouco. Temos nossa identidade baseada principalmente no corpo, no nome e nas coisas que possuímos. Dificilmente alguém vai se apresentar dizendo "sou uma pessoa calma, honesta e paciente". Não falamos de nossas qualidades internas ao nos apresentarmos. Somos mais do que temos. Somos as qualidades que cultivamos interiormente.

BEL

É fundamental ter consciência de nossos valores internos e de nossa verdadeira identidade. Podemos perder tudo o que temos, com quem estamos, o *status* social e, mesmo assim, não nos perdermos de nós mesmos. O que você sugere para cultivar essa consciência?

LAMA MICHEL RINPOCHE

Eu costumo pedir às pessoas que escrevam uma carta de apresentação sobre si mesmas. Só que existem algumas regras. Não podem dizer o próprio nome, de quem são filhos, pais, tios ou avós. Nem qual é o seu trabalho, do que são donos, quais são as suas características físicas e o gênero. Elas precisam ir além disso tudo, restringirem-se apenas aos aspectos interiores. Nesse exercício elas escrevem, depois de seis meses escrevem de novo, e só depois comparam com a versão anterior, para ver se ocorreu alguma mudança. Recomendo que façam isso no máximo duas vezes por ano. Se começarmos a estabelecer nossa identidade interior dessa forma, iremos gradualmente reconhecer que somos muito mais do que aparentam os fatos.

BEL

No seu livro *Coragem para seguir em frente*,[11] você comenta que muita gente tem dificuldade de seguir um caminho espiritual por não ter uma autoimagem baseada na espiritualidade. Por exemplo: uma pessoa é capaz de se empenhar para fazer regime, se conseguir se imaginar magra; ou tolerar muitas dificuldades para ganhar dinheiro, se conseguir se imaginar rica; mas talvez não consiga se imaginar espiritualizada. Nesse caso, como ela vai se esforçar para uma coisa que nem sequer sabe o que é?

LAMA MICHEL RINPOCHE

Temos uma identidade muito limitada, baseada numa única existência. Não conseguimos ter, de nós mesmos, uma imagem que vá além desta vida ou mesmo antes dela. Só que, em algum momento, vamos enfrentar a ideia de finitude. Então podemos pensar: "eu não vou mais existir, sei que todo mundo vai morrer, mas não quero pensar na minha morte". Ou seja, o problema não é o mundo acabar, mas *eu* acabar. Temos uma identidade baseada apenas no corpo, na autoimagem desta vida. Acredito que a sensação de não ter continuidade é um dos maiores sofrimentos diante da morte.

Muitas vezes, quando ouvimos falar sobre o sofrimento da morte, imaginamos uma dor ou algo parecido. A questão é outra. Temos apego à vida, um apego baseado na identidade aparente, naquilo que reconhecemos como a nossa pessoa, a nossa existência. Não é nada fácil abandonar essa identidade, o apego a esta vida. Quando digo "esta vida", não me refiro a meu corpo, a mim, Lama Michel, aqui e agora, mas ao apego por tudo o que conhecemos. Não é fácil mas devemos tentar.

---

[11] RINPOCHE, Lama Michel. *Coragem para seguir em frente*. São Paulo: Gaia, 2007. p. 71.

Capítulo 7

Quando as causas e as condições estão maduras, o efeito é inevitável

BEL

O budismo me ensinou que podemos sempre desenvolver uma qualidade interior, não importa quão difícil seja, mesmo que muito devagar. Compreendi também que desenvolver o Grande Amor como um objetivo de vida significa criar causas para esse sentimento crescer, mesmo que os resultados sejam durante um bom tempo imperceptíveis. No entanto, estamos acostumados a olhar os resultados e não as causas. Por exemplo, até hoje a ciência estuda mais a cura do câncer do que as suas causas. Crescemos aprendendo a avaliar sempre os resultados, de preferência a curto prazo.

Lama Gangchen Rinpoche nos alerta que, quando as causas e as condições estão maduras, o efeito é inevitável. Se uma semente encontra as condições para brotar, simplesmente brota. Você sabia que existem cactos que florescem a cada 28 anos? Somente quando chove o suficiente e a planta "sabe" que terá condições de sobreviver, é que a flor se abre. É a tal coisa: se criarmos as causas do Grande Amor em nossa mente, um dia ele irá brotar.

Os mestres budistas são exemplos que nos inspiram a crer nessa possibilidade. Mas, em geral, quando nos referimos ao Grande Amor como algo puro e elevado, consideramos que ele só é possível aos seres sagrados.[12] Temos que superar a barreira que nos impede de reconhecer nossa própria capacidade.

---

[12] Seres sagrados são os Gurus, Yidams, Buddhas, Bodhisattvas, Arhats, Dakas, Dakinis e Protetores do Dharma. Também são sagrados os seres puros de outras religiões, como os anjos, os santos e os devas. No mundo atual, podem se manifestar como cientistas, médicos, terapeutas, religiosos etc.

Capítulo 8

Temos a tendência de ver o sagrado como algo separado de nós

LAMA MICHEL RINPOCHE

Sagrado é o que transcende o sofrimento e suas causas. Também é sagrado o caminho que nos leva a essa transcendência, que pode ser ou não uma religião, mas cujo objetivo é superar o sofrimento. O sagrado nos aproxima do estado de libertação do sofrimento, é o que nos conduz a um estado de felicidade e bem-estar próprio do desenvolvimento espiritual. Chamamos de "sagrado último" a própria libertação do sofrimento.

BEL

Então o sagrado pode estar presente em tudo e em todos os que nos ajudam a desenvolver nossa identidade espiritual.

LAMA MICHEL RINPOCHE

Temos a tendência de ver o sagrado como algo separado de nós, porque não acreditamos realmente em nosso próprio potencial.

BEL

Você tem um exemplo de uma experiência sagrada?

LAMA MICHEL RINPOCHE

Sentir amor pelo simples fato de amar, sem julgar ou ter expectativas, é uma experiência sagrada, pois está além dos conceitos e das palavras. É uma experiência profunda, que nos conduz a ter cada vez mais esse amor de forma natural e espontânea.

BEL

Sem julgamentos, mas não sem discernimento.

LAMA MICHEL RINPOCHE

Claro, o fato de amar não significa deixar de discernir o que é certo ou errado. Não julgar significa amar alguém independentemente de quem ela é e do que faz.

BEL

O Grande Amor não julga, mas precisamos discernir o que é bom ou não para nossa vida. Em geral, a autoestima está condicionada às expectativas que temos sobre *quem* devemos ser e *o que* devemos fazer. Nos sobrecarregamos de condições para nos amarmos e, é claro, fazemos o mesmo com os outros.

Há um trecho no livro *NgelSo: Autocura Tântrica III*[13] em que Rinpoche comenta: "Talvez alguns pensem: amar as pessoas é bom, mas como posso amar aquelas de que não gosto? Preciso amá-las também? Não gostar de alguém pode ser um engano. Se essa pessoa fosse realmente horrível, todos a veriam da mesma forma. Provavelmente, para sua mãe ou namorado, ela é maravilhosa. Quem tem razão? Sua mãe ou nós? Devemos tentar focalizar as boas qualidades dos outros e ignorar os aspectos que podem nos irritar. Além disso, mesmo que não gostemos realmente de uma pessoa, é de nosso interesse aprendermos a nos sentir próximos dela, mesmo que ela continue a nos machucar e a não gostar de nós, pois isso cura nossa doença mental. Se nossa mãe ficasse louca e começasse a correr atrás de nós com uma arma, não a odiaríamos por isso; ao contrário, com o coração preenchido de amor, tentaríamos desarmá-la e curar sua loucura. Devemos tentar sentir a mesma coisa quando nossos inimigos nos atacam."

---

[13] RINPOCHE, Lama Gangchen, *NgelSo: Autocura Tântrica III*. São Paulo: Gaia, 2002. p. 324.

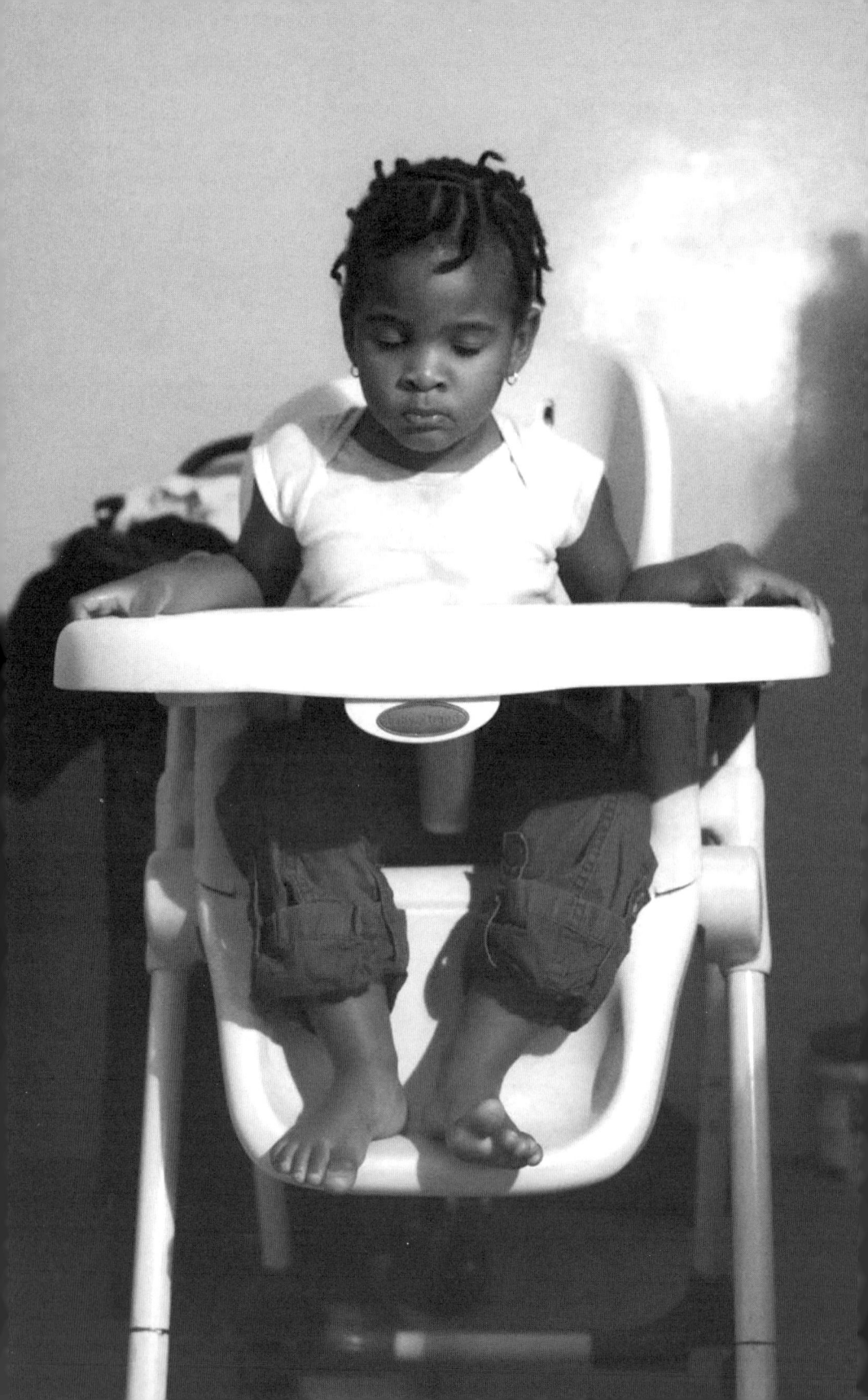

Capítulo 9

O que não tem solução
não é problema, é fato

BEL

Tornamos nossa vida significativa ao superarmos dificuldades, pois nos desenvolvemos interiormente. Se encararmos os problemas dessa forma, não iremos relutar quando eles aparecerem.

LAMA MICHEL RINPOCHE

Nos últimos anos, aprendi que certas vezes o sofrimento ajuda, especialmente no caso de pessoas que precisam apanhar para aprender. Não que seja necessário alguém nos bater – nós mesmos é que temos que quebrar a cara. Se não encararmos o que acontece em decorrência de nossos atos ou do fato de permanecermos numa zona de conforto, nada irá mudar de verdade. No fundo, somos preguiçosos. Existem momentos em que é importante deixarmos de ser comodistas; caso contrário, o resultado será ruim demais. Por isso precisamos passar por situações difíceis. Nesse sentido, os problemas são sagrados. Sem eles, não aprendemos nem crescemos. Como não gostamos de nos esforçar para crescer interiormente, precisamos de desafios. Esse mundo de *Hello Kitty*, onde é tudo perfeito, não existe!

No capítulo sobre a paciência, do *Bodhisattvatcharyavatara*,[14] Shantideva[15] diz, no décimo verso, o que fazer diante de um problema: "Se [o problema] puder ser resolvido, por que ficar de mau humor com qualquer coisa que seja? E, se não puder ser resolvido, de que serve ficar de mau humor com qualquer coisa que seja?"

Existe uma diferença muito grande entre um problema e um fato. Um problema só é problema enquanto não tem solução. O que não tem solução, solucionado está. Dessa forma, deixa de ser problema e passa a ser um fato. Muitas vezes vivemos fatos como problemas, sofremos procurando soluções que não existem. Também vivemos problemas como se fossem fatos e não colocamos energia para resolvê-los.

É um problema o Sol se pôr? Não, é uma realidade. Eu gostaria que o Sol estivesse sempre aí, mas é inútil reclamar se ele não estiver, pois reclamar é ficar preso à situação. O que não tem solução não é um problema, é uma constatação. O Sol nasce e se põe, temos que nos adaptar a isso. Se gosto do Sol, posso pensar que alguém o está tirando de mim quando ele se põe. Sofro todos os dias com essa ideia fixa. Para que serve isso? Para nada. O que tenho que fazer nesse caso? Aceitar que vivo a ilusão de que o Sol poderia não se pôr. Uma das coisas opostas à raiva é a aceitação.

---

[14] *Bodhisattvatcharyavatara*, o guia do estilo de vida do Bodhisattva, é um dos mais importantes textos da literatura budista e um dos mais estudados em todas as tradições Mahayana. Composto eversos por Shantideva, mestre budista indiano do século VII, mostra como se engajar no comportamento transformador do guerreiro espiritual.

[15] Ver no *Apêndice* a história de Shantideva.

Capítulo 10

Aceitar os fatos e ter clareza de onde queremos chegar

LAMA MICHEL RINPOCHE

O que quer dizer aceitar? Aceitar é buscar uma solução em vez de ficar preso ao problema, reconhecer nossos recursos e limites para exercer a liberdade que temos diante de uma situação ruim. Por exemplo, estamos no meio da rua e um carro nos atropela. Em vez de reclamar, perguntar como isso pôde acontecer, é melhor aceitarmos ajuda!

BEL

Só por um minuto, feche os olhos e imagine que você está andando numa praia. Está tudo ótimo, desde a temperatura até as pessoas à sua volta. De repente uma enorme pedra te impede de seguir em frente. Você recebe então a seguinte ordem: "Destrua a pedra". O que você faz?

LAMA MICHEL RINPOCHE

(silêncio) Primeiro, dou uns passos para trás, para ter uma visão mais clara sobre a situação. De acordo com os meus recursos, decido o que fazer.

BEL

E se eu dissesse que você pode usar qualquer recurso real ou imaginário?

LAMA MICHEL RINPOCHE
Faria um grande buraco e enterrava a pedra.

BEL
Precisaria de esforço para fazer isso?

LAMA MICHEL RINPOCHE
Não, se posso usar toda a minha imaginação, usaria um grande trator, que faria todo o serviço.

BEL
Ok. Eu já visualizo que a pedra é de gelatina e o sol vai derretê-la.

LAMA MICHEL RINPOCHE
Ah, eu imaginei que tinha que ser ainda dentro das possibilidades reais. Se é assim, estalaria os dedos, a pedra sumiria e no lugar dela surgiria um vapor com um perfume gostoso.

BEL
Melhor ainda! A maioria das pessoas com quem fiz esse exercício tem dificuldade de imaginar a pedra sendo destruída. Dão a volta, passam por cima ou se propõem a fazer tarefas muito difíceis, como quebrá-la com uma picareta. Em geral, vemos a realidade externa como algo sólido. Já escutei uma pessoa dizer que usaria uma metra-lhadora, porque estava com muita raiva da pedra. Quando perguntei como se sentia após ter metralhado a pedra e estar livre para seguir em frente, ela ficou em dúvida sobre o que responder. Conversamos então sobre a importância de se sentir bem depois de acabar com o problema. Podemos até sentir um aparente alívio em destruir a pedra com violência, mas com certeza outra irá aparecer no caminho, porque não resolvemos o problema-raiz: a nossa própria raiva.

O modo como destruímos a pedra revela a maneira como a mente funciona diante de situações adversas. Eu vou devagar, espero a situação se dissolver, e você já acaba com ela instantaneamente num estalar de dedos! Como logo aceita o problema, consegue se desapegar dele muito mais depressa.

LAMA MICHEL RINPOCHE
Se estou em crise, a primeira coisa que faço é aceitá-la. Aceitar não significa se submeter nem ficar na defensiva. É como o exemplo da pedra. Se estamos caminhando e, de repente, surge um muro à nossa frente, de que adianta não aceitar que ele existe? Se não o aceitarmos, vamos começar a dar socos no muro e nos machucar.

De que serve espernear diante de um problema? "Não deveria ser assim, coitado de mim, não tenho culpa... por que isso aconteceu comigo?" Assim você vai longe! Então, a primeira coisa é se perguntar e refletir: "Estou numa situação de crise? Estou. Qual é a minha crise? É assim e assim. Não sei como sair dela mas quero seguir em frente". O que fazer, então? Primeiro precisamos nos acalmar. Se não nos acalmarmos, vamos sofrer por antecipação diante de um futuro incerto. Depois, analisamos com calma como chegamos a essa situação. Em seguida, precisamos reconhecer os nossos recursos e ter clareza de onde queremos chegar. Só então saberemos que passos dar.

BEL
E quando não temos a mínima ideia do que fazer?

LAMA MICHEL RINPOCHE
Fazemos uma lista das condições favoráveis e das desfavoráveis. Em tibetano se diz *gag-cha*, para condições favoráveis, e *gö-pa*, para condições desfavoráveis. De acordo com esse levantamento, criamos vários planos: *a*, *b*, *c*, *d*, *e*... Não temos, necessariamente, só *a* e *b*. Em seguida, vamos analisar esses itens a partir das vantagens e desvantagens do que escolhemos ser mais adequado.

BEL

Difícil, às vezes, é seguir a escolha feita. Ficamos eternamente analisando os prós e os contras. Complicamos demais a vida. Vejo que os lamas sempre seguem suas escolhas porque acreditam na importância das causas. Como na sociedade moderna focamos sempre o resultado e, de preferência, em curto prazo, facilmente nos sentimos sem saída.

LAMA MICHEL RINPOCHE

Vamos analisar os problemas sociais que vivemos hoje, numa cidade como São Paulo. Seria preciso esperar trinta, cinquenta anos, para obter os resultados de uma mudança iniciada agora. Acontece que a maioria de nós não tem visão de longo prazo. Queremos o resultado imediato. É como deixar de plantar uma árvore porque não vamos viver o suficiente para colher seus frutos. Só que é mais importante criar a causa do que colher o fruto.

Conversando com um amigo, no Tibete, soube que o governo chinês tem um programa de cem anos, estabelecido por Deng Xiaoping,[16] que foi, depois de Mao Tsé-Tung, o pai da China moderna. O programa prevê dez governos de dez anos, cada um deles preestabelecido e revisto a cada cinco anos, para ser possível checar se estão se desenvolvendo na direção correta. É completamente proibido a qualquer pessoa mudar esse programa. Faz parte dele a construção de uma ferrovia entre a China e a Europa. As ações são feitas devagar, com vistas para o futuro. Quem está no governo tem consciência de que só verá os resultados do projeto daqui a uma ou duas gerações. Os orientais estão acostumados com projetos de longo prazo. Na época em que entregou Hong Kong[17] para os ingleses,

---

[16] Deng Xiaoping foi secretário-geral do Partido Comunista Chinês e o líder político da República Popular da China, entre 1978 e 1992. É criador do chamado "socialismo de mercado", o regime vigente na China moderna.

[17] Em 1841, a superioridade bélica das tropas britânicas possibilitou que ocupassem parte da ilha de Hong Kong, de onde se expandiram, ameaçando inclusive tomar Nanquim. Em 24 de agosto de 1842, a dinastia *Qing* foi obrigada a assinar o Tratado de Nanquim, concedendo à Inglaterra o domínio da ilha de Hong Kong.

o imperador da China disse ao povo descontente: "Damos o nosso pintinho quando ele é pequeno. Quando estiver grande e gordo, nós o pegaremos de volta." Ações desse tipo nos faz muita falta.

Precisamos desenvolver uma visão de longo prazo em relação à sociedade e ao meio ambiente, ter consciência de que a mudança pode demorar. E é importante sermos coerentes ao criar as causas para que isso ocorra.

BEL

Isso me faz lembrar de certa vez que estava em Goa, na Índia, conversando com uma amiga às duas horas da manhã sobre projetos de vida e nos surpreendemos com o Rinpoche caminhando em nossa direção. Ele parou diante de nós e disse: "Projetos de vida... Vocês, ocidentais, não entenderam nada. Quando iniciamos algo, os primeiros obstáculos são as maiores bênçãos que podemos receber, pois nos dão a chance de criar uma base sólida. Se um projeto vai bem no início e só mais tarde surgem as dificuldades, pensamos: 'sabia que não ia dar certo, estava bom demais para ser verdade'. Assim, desistimos por falta de confiança, por não ter uma boa base que sustente as dificuldades. Mas, se reconhecermos os primeiros obstáculos como bênçãos, ao surgirem outros, pensamos: 'depois do que já enfrentamos, isso é fácil'. Assim não abandonamos o projeto. É importante não ter dúvidas e continuar."

LAMA MICHEL RINPOCHE

Problemas existem e sempre vão existir. A diferença é que aqueles que atingiram um grau elevado de sabedoria não tem conflito interior diante de situações difíceis.

Capítulo 11
É importante descobrir a raiz do problema

LAMA MICHEL RINPOCHE

Certa vez tive que escrever um texto para crianças sobre felicidade. Fiquei pensando em como poderia explicar o que é felicidade de uma forma bem simples. Cheguei à conclusão de que felicidade é aquele instante no qual desejamos que nada seja diferente do que é. O momento em que abandonamos todas as nossas defesas e sentimos que tudo está bem. Não buscamos nada, nem nos opomos a nada. Estamos em paz com nós mesmos e com o mundo. Experimentamos isso por momentos, em várias situações.

BEL

Você tocou num ponto-chave: não é possível ter satisfação se estivermos nos sentindo ameaçados. Mas a grande maioria de nós vive num contexto de estresse, no qual nosso organismo está constantemente em estado de alerta. Podemos não estar, de fato, ameaçados, mas nosso corpo-mente lê o mundo à nossa volta a partir dessa perspectiva. Estamos tão familiarizados com a ameaça externa que nem questionamos mais se ela é real ou não. Temos medo até mesmo de relaxar. É como se, ao baixar a guarda, estivéssemos nos desprotegendo. Não confiar em nós mesmos e no outro é um obstáculo para abrir o coração.

LAMA MICHEL RINPOCHE

A confiança surge quando temos experiências positivas. A mente funciona na base de experiências e não apenas de entendimento.

BEL

Como disse certa vez Guelek Rinpoche,[18] "é preciso ter experiências positivas para querer repeti-las".[19] Muitas vezes acreditamos que não confiamos em nada, mas, na realidade, o que acontece é que não reconhecemos o estado de confiança quando ele ocorre. Estamos tão habituados a reconhecer os estados negativos da mente que damos pouca atenção aos estados positivos.

LAMA MICHEL RINPOCHE

Podemos estar condicionados por experiências do passado, mas isso não quer dizer que elas estejam ocorrendo necessariamente no presente. É preciso recuperar aos poucos a confiança.

BEL

Uma pessoa traumatizada é regida pelo passado. Ela está, de fato, presa à situação que foi *intensa* demais, *rápida* demais ou aconteceu *cedo* demais para ser completamente elaborada. Isso faz com que ela não se sinta presente no aqui e agora. Mesmo que viva bons momentos, não se sente preenchida por eles, que vêm e vão e não se integram no seu sistema psicofísico. Assim que eles acabam, a pessoa volta para o estado vazio e ausente em que antes se encontrava.

---

[18] Guelek Rinpoche é um renomado mestre do budismo tibetano. Nasceu em Lhasa, no Tibete, em 1939. Reconhecido como um lama reencarnado aos 4 anos de idade, foi cuidadosamente tutelado desde cedo por alguns dos maiores mestres vivos do Tibete. Ganhou notoriedade pelo seu poder de memorização, julgamento intelectual e discernimento. Em 1988 fundou nos Estados Unidos o centro budista tibetano *Jewel Heart* (Jóia Coração). De várias maneiras, desempenhou um papel crucial na sobrevivência do budismo tibetano.

[19] CESAR, Bel. *Oráculo I Lung Ten* (compilação). São Paulo: Gaia, 2003. p. 67.

Como ficou congelada numa experiência em que não pôde atacar ou fugir, permanece presa a uma tarefa inacabada. Ela precisa descongelar essa paralisia por meio de uma descarga, quer dizer, completar sua ação em vez de mantê-la reprimida. Essa descarga deve ocorrer gradualmente, sem catarses, para não retraumatizá-la. A Experiência Somática[®20] trabalha com essa descarga e reintegração.

LAMA MICHEL RINPOCHE
Daí a importância de ir atrás da raiz do problema. Em geral, busca-se eliminar o sintoma e fazer de conta que a doença não existe. É o mesmo que dizer: "Eu me fecho em casa, com grades altas. Lá estou bem. Não importa o que está acontecendo lá fora desde que eu não sofra." Por que sentimos dor? É nosso corpo dando um alarme, indicando que alguma coisa está errada. Mas a nossa tendência é desligar o alarme sem entender por que está tocando.

BEL
Se o alarme soa, é porque a pessoa precisa de ajuda. Ajuda afetiva. Quem está traumatizado tem grande dificuldade de se sentir incluído, participante do meio em que se encontra. É como se sempre estivesse distante de tudo e de todos. Por isso, precisa reconhecer e dar valor aos momentos em que se sente participante e relaxado no contato com os demais. Assim vai criando, gradualmente, uma autoimagem de confiança. Essa cura se dá por meio dos relacionamentos saudáveis. É no envolvimento saudável com os outros que nos curamos.

---

[20] Experiência Somática – *Somatic Experiencing*® (SE) – é uma abordagem naturalista para a resolução e cura de traumas, desenvolvida pelo médico norte-americano Peter Levine, PhD em Psicologia e Biofísica Médica. É baseada na observação de que os animais selvagens raramente são traumatizados, embora ameaçados de modo rotineiro, pois utilizam mecanismos inatos para regular os altos níveis de ativação associados aos comportamentos de sobrevivência. Abordar o trauma como um fenômeno gerado pela impossibilidade de retomar a autorregulação após um evento estressor proporciona uma autoimunidade, possibilitando que o indivíduo retome à vida normal após experiências avassaladoras. Saiba mais: WWW.TRAUMATEMCURA.COM.BR.

Capítulo 12

O que fazer diante de situações muito difíceis?

BEL

No caminho do amor muitas vezes nos deparamos com situações adversas: perdas significativas, traições, expectativas falsas – fatos inesperados que nos paralisam se não soubermos como lidar com eles.

LAMA MICHEL RINPOCHE

As situações adversas são difíceis de lidar: dificuldades físicas, dificuldades sociais, desequilíbrios ambientais e, como você disse, de relacionamentos. Acontecem na vida. Algumas duram mais tempo, outras menos. Algumas nós mesmos criamos, outras aparecem de repente. Mas é possível viver a situação adversa como um golpe e direcionar sua força para o desenvolvimento interior.

Não importa para onde vamos, situações difíceis sempre vão ocorrer. Muitas vezes ficamos na expectativa de que é possível ter uma vida em que tudo funcione bem. Nos esforçamos para criar uma realidade em que não existam problemas e conflitos. Mas o mundo ideal só será possível no momento em que todos os seres resolverem seus conflitos internos. Caso contrário, de uma forma ou de outra, problemas vão existir.

BEL

O que fazer diante de situações muito difíceis?

LAMA MICHEL RINPOCHE

Diante de uma situação de grande sofrimento, há duas possibilidades: resistir ou enfrentar. Fugir pouco adianta, porque mais cedo ou mais tarde nos reencontraremos com a mesma situação de uma outra forma. A saída é enfrentá-la, conseguir estar diante dela com uma nova atitude interior. Em outras palavras, não vivê-la mais como conflito. Não é fácil, porém é mais difícil permanecer no conflito.

BEL

Quem está de fora pode ver que há uma transformação possível, mas a pessoa em sofrimento não vê saída. Manter a perseverança diante de processos lentos requer paciência e a fé de que atingiremos o resultado esperado se criarmos as causas corretas. É preciso confiar na força da semente.

Capítulo 13

Enquanto negarmos o sofrimento, continuaremos sofrendo

BEL

Lama Zopa[21] diz que precisamos ter constantemente duas atitudes internas: "cultivar uma mente que não tenha aversão aos problemas e gerar uma mente que sinta prazer em resolvê-los".[22] Com o tempo, nossa mente irá se habituar a não ver os problemas como problemas. Gostamos de arrumar pequenos entraves para resolvê-los, pois a sensação de controlá-los mantém nosso cérebro saudável e equilibrado.

LAMA MICHEL RINPOCHE

Imagina o que seria de nós se nunca tivéssemos uma dificuldade na vida! Não poderíamos nem ser tocados que já começaríamos a gritar. Seríamos intocáveis! Quem conseguiu superar situações de extremo sofrimento tem menos medo de sofrer.

---

[21] Mestre do budismo tibetano, Lama Zopa Rinpoche é diretor espiritual e cofundador da *Foundation for the Preservation of the Mahayana Tradition* (Fundação para a Preservação da Tradição *Mahayana*), que abrange centros de Dharma, projetos e serviços sociais em 37 países. Esteve pela primeira vez no Brasil em 1989.

[22] RINPOCHE, Lama Zopa. *Transformando problemas em felicidade*. Rio de Janeiro: Mauad, 2009. p. 25.

BEL

É verdade. Cada vez que fugimos do sofrimento, temos mais medo de sofrer. Evitamos pensar no que nos parece muito difícil. A mente fica literalmente bloqueada.

LAMA MICHEL RINPOCHE

Na tentativa de evitar qualquer tipo de sofrimento, criamos um so-frimento absurdo. Sofremos muito mais pelo medo de sofrer do que pelo próprio sofrimento. A verdade é que podemos até sentir dor e estar bem.

Os povos que levam uma vida mais dura aprendem que sofrer não é problema. Estão focados no que é realmente importante. Por exemplo, no inverno faz frio e no verão faz calor. Por que temos que reclamar do calor se é verão? Tem coisas mais importantes na vida do que ficar pensando no calor ou no frio. Eu vi isso com muita clareza no monastério. Uma vez fui conversar com um monge. Era começo de dezembro, tinha nevado e estava muito frio. O quarto dele ficava num lugar aberto, fechado por um compensado que servia de porta, por onde passava vento e um frio cortante. Quando perguntei para ele se não sentia frio, o monge me olhou, como se não tivesse entendido, e respondeu: "No inverno faz frio!" O peso que damos a certas coisas ocupa em nós um espaço muito grande, bem maior do que o necessário. Depois ficamos sem espaço para o que de fato tem importância, e a vida passa.

BEL

Isso me faz lembrar de uma vez que vi o Rinpoche colocar, numa ferida do pé, um remédio que ardia muito. Aflita, perguntei: "Mas não dói?" E ele respondeu: "Sentir dor não é problema, importante é o resultado".

LAMA MICHEL RINPOCHE

Em um texto, Kyabje Trijang Rinpoche[23] nos fala que não devemos nos colocar contra o sofrimento, mas criar amizade com ele. Trijang Rinpoche escreve de um modo muito duro e direto. Para muitas pessoas, é até duro demais. Ele diz que é no sofrimento extremo que devemos nos transformar. Enquanto negarmos o sofrimento, não iremos parar de sofrer. Por isso é preciso acreditar em nosso potencial e seguir as quatro nobres verdades: reconhecer o sofrimento; reconhecer as causas do sofrimento; reconhecer que temos o potencial para eliminar suas causas; e reconhecer o caminho para eliminá-las. Este é o processo.

---

[23] Kyabje Trijang Rinpoche (1901-1981), lama largamente reconhecido na comunidade tibetana, foi o tutor-júnior e guia espiritual do 14º Dalai Lama por quarenta anos. Foi também o guru-raiz de muitos lamas da linhagem Gelugpa que ensinam no Ocidente, como Zong Rinpoche, Gueshe Rabten, Lama Yeshe, Lama Gangchen Rinpoche e Gueshe Kelsang Gyatso. A escola Gelugpa, fundada por Lama Tsong Khapa (1357-1419), é uma das quatro linhagens do budismo tibetano.

Capítulo 14

Transformar uma situação adversa em caminho espiritual

LAMA MICHEL RINPOCHE
Certas atitudes que temos em situações adversas ajudam nosso desenvolvimento espiritual. Quando falo da importância de transformar uma situação adversa em caminho espiritual, não estou afirmando que as dificuldades são prazerosas. Porém, se conseguirmos superá-las, elas se tornarão poderosas e significativas. Saímos mais fortes da situação.

BEL
Nesse sentido, superar uma situação adversa não significa, necessariamente, tê-la resolvido em termos práticos, mas conseguir lidar com ela de uma forma diferente, a ponto de nos tornarmos pessoas melhores. Quer dizer, a questão não é resolvermos ou não um problema, mas crescermos com ele.

LAMA MICHEL RINPOCHE
Sofremos diante de situações adversas porque há incoerências dentro de nós, como algum veneno mental que se manifesta num determinado momento.

BEL
Identificar-se com as soluções e não com os problemas é um bom hábito mental. Quando damos mais importância aos nossos recursos do que aos impedimentos, deixamos de nos sentir fracos e insuficientes.

Não se trata de apenas pensar positivamente, mas de ir além da visão negativa.

Lama Michel Rinpoche

É importante colocarmos energia na solução e não ficarmos presos ao problema. Se tivermos um problema prático, vamos resolvê-lo. Se tivermos dificuldade com uma pessoa, é melhor conversar em vez de discutir. Se fizermos uma besteira, podemos pedir desculpas. Porém, ainda assim, devemos nos auto-observar e reconhecer por que aquela situação ocorreu. Sofremos? Então alguma coisa está errada. Criamos expectativas demais? Estamos muito apegados à nossa visão de mundo?

Dentre todos os apegos que podemos ter, o maior é o apego à realidade da forma como nós a vemos. Será que estamos apegados a alguma coisa como se fosse permanente, quando na verdade não é? De onde vem isso? Que veneno mental está se manifestando nessa situação que me faz sofrer?

Bel

Muitas vezes ficamos tão apegados ao que sentimos que não nos damos conta de que o problema está na natureza do próprio sentimento. Por exemplo, a questão não é *do que temos expectativas*, mas sim o fato de *termos expectativas*. Essa diferença é sutil, mas ela muda a direção para onde levamos a nossa mente. Se apenas reconhecermos, com toda a nossa atenção e presença, a natureza de um sentimento, sem julgá-lo como certo ou errado, ele irá se integrar em nossa totalidade, ou seja, não será mais nosso oponente. Quando isso acontece, paramos de implicar e resistir àquilo que nos machuca.

Creio que os primeiros sinais de uma abertura mental surgem quando desejamos conhecer algo sem a necessidade de intelectualizar. Nós nos deixamos levar pela curiosidade. É como olhar pela primeira vez para um objeto. É um estado desperto, flexível e sereno ao mesmo tempo. A partir daí, algo muda.

Capítulo 15

Abrir o coração ao praticar o Tong Leng

Lama Michel Rinpoche

Uma das formas de transformar as situações adversas em caminho à iluminação[24] é aproveitar as condições difíceis como oportunidades para desenvolver as qualidades positivas. Uma maneira de fazer isso é praticar o Tong Leng, uma meditação milenar na qual nos propomos a lidar com o nosso sofrimento ou com o sofrimento alheio em nome de todos aqueles que têm um sofrimento semelhante.

Bel

Essa prática é muito forte. A primeira vez que ouvi falar dela fiquei bem confusa. Então perguntei a Lama Gangchen Rinpoche: "Como é possível a gente absorver a negatividade do outro se nem sequer damos conta da nossa?" Ele respondeu, com muita tranquilidade: "Você vai ver como isso é fácil no dia em que alguém te disser *'you shit'* (você é um merda) e você nem se tocar. Como você sabe que isso não é verdade, a negatividade do outro não vai te perturbar."

---

[24] Iluminação é um estado de consciência em que todos os fenômenos são percebidos simultaneamente. Só a mente de um Buddha possui esse estado de abertura absoluto, onisciente, pois experiência a própria mente como algo livre de visões errôneas e percebe a interdependência de todos os fenômenos.

Quando o mal de fora não encontra ressonância em nosso interior, não há como nos contaminar. Nessas horas costumo pensar: "Você é você, eu sou eu". A prática do Tong Leng não visa a criação de barreiras para nos protegermos dos outros; ao contrário, tem como objetivo abrir nosso coração para o sofrimento alheio como um meio de superar nosso próprio egoísmo.

Já se passaram mais de 25 anos desde que o Rinpoche me disse isso. Eu faço essa prática com pessoas que estão diante de um grande sofrimento, como os pacientes terminais. Permaneço ao lado deles em silêncio, fazendo a meditação. Noto que a minha presença os acalma.

Lama Michel Rinpoche

Mas é melhor começarmos a abrir o coração para aqueles que têm um problema parecido com o nosso. Eu me lembro de uma pessoa que sempre teve um grande controle sobre si mesma. Ela tinha um certo preconceito, e até arrogância, contra pessoas que tomavam remédios psiquiátricos, principalmente para ansiedade e coisas assim. Até o dia em que teve um ataque de pânico. Então o que fez? Tomou o remédio. Afortunadamente, as crises não se repetiram muitas vezes e ela não teve que dar continuidade aos remédios. O que essa experiência trouxe de positivo foi a humildade que adquiriu diante das pessoas que passam por esse tipo de problema. Quando estamos numa situação difícil, conseguimos entender aqueles que vivem algo semelhante. Isso ajuda a abrir o coração. Viver momentos difíceis também é importante.

Bel

Dessa forma, a experiência de abrir o coração torna-se espontânea. O que faz o Tong Leng ser uma meditação tão poderosa?

LAMA MICHEL RINPOCHE

A mente tem uma característica muito interessante: a incapacidade de pensar, ao mesmo tempo, em duas coisas diretamente opostas. Por exemplo, podemos dizer que a água tem um gosto bom, mas a temperatura é ruim. Podemos gostar de um aspecto e não gostar de outro. Mas não é possível pensar ao mesmo tempo: gosto de água e não gosto de água. O que isso mostra? Se quisermos eliminar um certo estado mental, devemos gerar uma mente oposta àquela que queremos eliminar. Em outras palavras, se conseguirmos manter um certo estado mental, automaticamente estaremos bloqueando o seu oposto. Assim, para transformar um estado negativo da mente, como a raiva, é preciso gerar um estado oposto a ele, como a paciência ou a compaixão.

BEL

Como fazemos isso?

LAMA MICHEL RINPOCHE

Temos que aprender a nos autoinduzir a esse estado de consciência positivo para criar familiaridade com ele; com o tempo, esse estado irá surgir de forma espontânea. Alguém pode me dizer: "Ah, mas isso é artificial!" Sim, é artificial. Uma pessoa já me disse: "Não! Eu preciso ser espontâneo, verdadeiro diante da vida." Eu digo: "Sim e não". Não temos que esconder as coisas de nós mesmos, mas não podemos sair por aí xingando todo mundo só porque somos verdadeiros. Isso tem um preço a pagar. No início, forçamos a barra para nos autoinduzirmos a um estado positivo. Porém, quanto mais gerarmos esse estado artificial, mais seremos levados por ele. Nesse processo não tem *free lunch* (boca-livre), nada é de graça. Precisamos trabalhar muito e o processo é gradual.

Para fazer essa meditação, é bom procurar um lugar seguro e silencioso. Primeiro, procuramos parar de julgar o outro e aceitá-lo com seus defeitos e diferenças. Manter-se nesse estado já nos leva a uma atitude mais voltada para o amor e a compaixão. É importante saber que a mente funciona de acordo com a nossa experiência e não com o nosso conhecimento. Então, se conseguirmos, durante uma visualização, reagir de forma diferente diante de uma situação difícil, levaremos essa experiência na memória para a próxima situação semelhante que iremos enfrentar.

BEL

O problema é que o egoísmo é o hábito mais arraigado em nossa mente.

LAMA MICHEL RINPOCHE

Como funciona a mente egoísta? Ela só considera positivo tudo o que dá prazer para o *eu* e para o *meu*. Então, a atitude diretamente oposta ao egoísmo é aquela que sente prazer no que é bom para os outros.

Dar e receber devem ser praticados alternadamente. Dar alegria, dar bem-estar, dar aquilo que nós temos de positivo e receber o que temos de negativo. Essa prática é por tradição chamada de Tong Leng. Em tibetano, *tong* quer dizer "dar" e *leng*, "receber". Nela usamos a imaginação, a visualização, a respiração e a intenção de primeiro receber a negatividade e depois dar amor. É extremamente forte.

BEL

Com essa meditação ficamos supersensíveis ao sofrimento alheio.

LAMA MICHEL RINPOCHE

Sim, existe o perigo de ficarmos bem sensíveis através dessa prática, porque ela toca profundamente o nosso coração. Não é para se preocupar com isso. Sentir compaixão não é sofrer pelo outro. Quando sentimos amor e compaixão, desenvolvemos a sabedoria de aceitar a realidade e de respeitar o tempo de cada um.

Capítulo 16

A meditação Tong Leng

LAMA MICHEL RINPOCHE

Começamos visualizando Guru Buddha à nossa frente. Se preferir, visualize Jesus ou uma luz dourada. Pedimos bênçãos para conseguir receber o sofrimento dos seres e transformá-lo. Em seguida, visualizamos, no centro do peito, no *chakra*[25] do coração, uma massa preta, que representa o nosso egoísmo. Ela é densa, pegajosa e pesada. Imaginamos que essa massa absorve tudo aquilo que existe de negativo: raiva, inveja, medo, rancor, ansiedade, tristeza etc. Ela vai se tornando cada vez mais densa e pesada, até o ponto em que não a aguentamos mais. Com a clareza de que seu peso é o nosso egoísmo, surge a vontade de arrancá-la para fora. Gerar aversão pelo egoísmo é um passo importante. Em seguida, passamos a observar os seres que estão à nossa volta, passando pela mesma situação que nós. Ao nos aproximarmos, notamos o quanto o nosso sofrimento é pequeno em comparação ao sofrimento de todos os outros seres à nossa volta. Então, movidos pelo sentimento profundo de aliviá-los, pedimos bênçãos a Guru Buddha e aos seres sagrados: "Por favor, me abençoe para que eu tenha força de receber o sofrimento de cada um desses seres". Nesse momento, enquanto inspiramos, imaginamos que todo sofrimento físico, mental ou emocional dos seres vêm a nós na forma de fumaça preta e densa, que penetra por nossas narinas e se absorve na massa preta do coração. Quando a massa externa se

---

[25] Os *chakras* são os centros de energia vital do nosso corpo sutil.

encontra com a massa interna, uma elimina a outra. Depois disso, vamos expirar luz branca. Ela representa todas as nossas qualidades de alegria e amor, que se multiplicam e retornam para cada um dos seres, de acordo com o que eles necessitam, como remédios para os que estão doentes e companhia para os que se sentem só. À medida que praticamos, a nossa massa preta do egoísmo vai se tornando cada vez menor.

Bel

Concluímos essa prática com a sensação de muito amor. Por isso fica claro que não estamos absorvendo o sofrimento dos outros, mas sim usando o sentimento de querer aliviá-los e destruir o nosso egoísmo.

Lama Michel Rinpoche

Se fosse possível eliminar o sofrimento dos outros, os Buddhas já teriam feito isso há muito tempo. O *karma*[26] é individual.

Bel

Podemos fazer também o nosso próprio Tong Leng.

Lama Michel Rinpoche

É bom começar a prática com nós mesmos, depois aos poucos receber o sofrimento daqueles com quem temos um relacionamento mais próximo, até nos sentirmos capazes de visualizar todos os seres.

Essa prática tem um aspecto muito interessante: à medida que inspiramos fumaça escura e expiramos luz, deixamos gradualmente de ter medo de sofrer.

Bel

De que maneira fazemos surgir a luz branca?

---

[26] No Ocidente, a palavra *karma* é erroneamente compreendida como "destino". *Karma* quer dizer "ação" e as causas e os efeitos que criamos por meio de nossas ações.

LAMA MICHEL RINPOCHE

Existem várias maneiras. Pessoalmente, eu gosto de visualizar um ponto de luz bem forte saindo da massa preta. Temos uma mente de amor além do egoísmo no nosso coração. Sua natureza é pura, porém ela está completamente encoberta pelo egoísmo. Quanto mais praticarmos o Tong Leng, mais forte essa luz irá se tornar, até resplandecer por todo o espaço. Nesse momento, não haverá mais sofrimento à nossa volta e o egoísmo terá sido completamente eliminado.

Capítulo 17

Quando amamos sem sabedoria, sofremos ao ver o outro sofrer

BEL

Desenvolver o Grande Amor é um antídoto para todos os venenos mentais?

LAMA MICHEL RINPOCHE

Não, o antídoto para os venenos mentais é a sabedoria.

BEL

Como assim? No amor não há sabedoria?

LAMA MICHEL RINPOCHE

O fato de a pessoa ter desenvolvido amor não quer dizer que ela tenha sabedoria. Assim como podemos não ter mais raiva e ainda não sermos generosos.

O amor é um estado interior, pode vir com sabedoria ou não; mas a sabedoria é uma coisa e o amor é outra. Não é porque sentimos amor que estamos automaticamente tendo mais sabedoria. Podemos desenvolver amor e sabedoria ao mesmo tempo, mas um não garante o desenvolvimento do outro. Cada um tem a sua função.

O amor nos faz abrir o coração ao outro, desejar sua felicidade e colocar-nos à sua disposição. Isso é amor. Sabedoria é a capacidade de discernir, de ver as coisas com clareza, de entender que isso é isso e aquilo é aquilo, quais são as similitudes, quais são as diferenças.

Isso é sabedoria. Posso amar e não ter clareza. Posso amar e sofrer porque não tenho a correta visão da realidade.

Uma causa de muita confusão é achar que temos que estar ao lado de quem amamos em qualquer situação, mesmo que não concordemos com sua atitude. Não conseguimos julgá-lo negativamente, não sabemos separar uma coisa da outra. Muitos pensam: "Eu te amo, por isso sempre vou te proteger, não importa o que você fizer". Amar alguém não significa ser condescendente com suas ações. Quem ama e sofre não tem a correta visão da realidade.

Quando amamos com sabedoria, desejamos profundamente que o outro fique livre do sofrimento, mas ao mesmo tempo entendemos que, se está sofrendo, é porque criou as causas e condições para isso. Com sabedoria, somos capazes de reconhecer o que de fato podemos fazer ou não pelo outro. Mas, quando amamos sem sabedoria, sofremos ao ver o outro sofrer.

BEL
Realmente é muito duro ver alguém de quem gostamos sofrer e reconhecer que não temos como ajudá-lo. Ficamos inquietos, revoltados, nos sentimos impotentes.

LAMA MICHEL RINPOCHE
Não sofrer diante do sofrimento alheio não tira a nossa vontade e o nosso impulso de ajudá-lo. A questão é reconhecer como fazê-lo dentro de nossas limitações.

BEL
Ok, sabemos que não podemos mudar ninguém, mas também não podemos desistir de ajudar. Um exemplo é o caso de pais que não sabem mais o que fazer para lidar com filhos viciados em droga. Como lidar com a sensação da impotência sem desistir?

LAMA MICHEL RINPOCHE

Só desistimos no momento em que desenvolvemos uma profunda indiferença por uma pessoa. Enquanto mantivermos o desejo de que ela saia do sofrimento, que consiga deixar de ter certas atitudes e possa ter mais estabilidade, não desistimos. Pode acontecer que, em algum momento, tenhamos um grande sentimento de impotência e não saibamos o que fazer em relação ao outro.

A primeira coisa é ter clareza sobre o que acreditamos ser o melhor, lembrando que o que consideramos melhor não é o que a pessoa acha. Por isso, para ajudá-la, temos que conseguir falar sua linguagem, colocar-nos no lugar dela. Enquanto não nos colocarmos dessa maneira, não conseguiremos entender como ela vê o mundo nem mostrar-lhe como nós o vemos.

Quando Lama Gangchen Rinpoche chegou no Ocidente, ele passou dez anos sem ensinar formalmente o *Dharma*.[27] Isso é um ato de flexibilidade. Ele conversava com as pessoas, escutava suas queixas e as aconselhava. Sua presença já era o bastante. Mas ele não ensinava as práticas de meditação; dizia que primeiro tinha que conhecer os ocidentais e só depois adaptar os ensinamentos à nossa mentalidade. Para saber de que forma podemos chegar ao outro, temos que primeiro entendê-lo. Geralmente essa é a parte mais difícil.

BEL

Muitas vezes a desistência surge quando ocorrem seguidas situações em que a confiança foi traída.

LAMA MICHEL RINPOCHE

Tem algo em que acredito profundamente, mas vejo que muitas vezes é difícil entender ou aceitar. O que aprendi com meus mestres e busco transmitir é o modo como eles fazem eu me sentir amado.

---

[27] Os ensinamentos transmitidos por Buddha e as experiências e realizações interiores que atingimos por meio desses ensinamentos.

Meus mestres me amam independentemente do que faço, de quem sou ou deixo de ser. A forma como sou não condiciona o amor que recebo, mas pode condicionar a confiança que meus mestres têm em mim. Se digo que concordo em fazer algo e depois não mantenho a minha palavra, é claro que a confiança não vai ser a mesma, mas o amor sim.

BEL

Agora pergunto: como é ter sabedoria sem amor?

LAMA MICHEL RINPOCHE

O problema é que ter sabedoria sem a experiência direta do amor torna a pessoa estéril. O amor é o impulso que gera a energia necessária para sairmos do ciclo do sofrimento. Para tanto, necessitamos não apenas de sabedoria, mas também de méritos. Se não acumularmos a energia positiva dos méritos, não teremos a força necessária para nos sentirmos motivados a seguir em frente. A sabedoria não tem essa força, só o amor. Por outro lado, a sabedoria torna o amor mais profundo. Quanto mais clareza tivermos da realidade, mais profundo se tornará nosso amor e compaixão.

A energia positiva, ou mérito, é acumulada principalmente por meio da generosidade, do esforço entusiástico, da paciência, da moralidade, da concentração e da sabedoria. A sabedoria por si só é como um pássaro que tenta voar só com uma asa: fica parado no chão. Por isso, a união entre amor e sabedoria são como as duas asas de que um pássaro necessita para voar.

Capítulo 18

A correta visão da realidade

BEL

Mais à frente podemos falar sobre como acumular méritos para realizar a sabedoria profunda. Mas agora gostaria que você explicasse, de forma simples, a origem da sabedoria: a correta visão da realidade, que é o cerne da filosofia budista.

LAMA MICHEL RINPOCHE

A raiz de todo sofrimento é a ignorância, a visão errônea de nós mesmos e do mundo à nossa volta. Temos a tendência de observar os objetos, as pessoas, as situações e os lugares como se uma coisa não tivesse absolutamente nada a ver com a outra. Vivemos a realidade como se todos os fenômenos estivessem desconectados uns dos outros. Esta é a principal causa do sofrimento: não termos a clareza nem a experiência da interdependência na qual vivemos. Se nos perguntarmos "cada um de nós é independente ou interdependente?", responderemos: "somos interdependentes". Sabemos disso, mas não temos essa consciência no dia a dia.

BEL

Com essa consciência, veríamos a realidade de outra maneira. Vou dar um exemplo. De manhã, quando penso na agenda que tenho pela frente, parece que já sei como será o meu dia. Então digo a mim mesma: "Deixo a vida me surpreender". Pensar assim me ajuda a estar mais receptiva para o que vier. Não é possível saber, a cada momento, de que forma estamos interconectados, mas podemos nos manter abertos para essa rede de fatos desconhecidos.

LAMA MICHEL RINPOCHE

Podemos nos sentir inseguros se admitirmos que não temos, diante da realidade externa, tanto poder e estabilidade quanto pensamos ter. Mas o que ocorre é exatamente o contrário: ganhamos estabilidade quando pensamos assim. Enquanto tentamos fazer com que as coisas sejam do jeito que elas não são, aí sim é que ficamos instáveis. É outra história quando aprendemos a seguir a correnteza.

A correta visão da realidade é a realização da não existência in-trínseca dos fenômenos, quer dizer, a perfeita compreensão de que nada existe por si. Que visão temos de nós mesmos? De um *eu* que é interdependente ou que existe por si só? Podemos responder que é interdependente. Mas, se estivermos andando na rua e alguém nos ofender, o que acontece? Tem um *eu* que responde, que vem lá de dentro e diz: "Hum... é comigo!" Sentimos algo que vem de dentro. Não vem da cabeça, mas do estômago. Naquele momento, como existe aquele *eu*? De forma inerente! Por si só! Não depende de mais nada. Esquecemos da interdependência que há entre as coisas. Isso nos leva a fazer o quê? A trazê-las para perto (desejo e apego) ou afastá-las (aversão e raiva). Por isso se diz que a raiz do sofrimento é a visão errônea da nossa identidade. A visão de que existo inerentemente, que não dependo de nada nem de ninguém.

Uma das coisas de que mais gosto nos ensinamentos de Buddha é a coerência entre o que existe e o que experienciamos, viver a realidade de forma coerente com o que ela é. Para entendermos bem qual é essa coerência, temos que eliminar gradualmente nossa ignorância, ver o que antes não víamos.

Como nos relacionamos com o mundo? Como ele aparece para nós? Temos consciência da subjetividade dos fenômenos subjetivos? Não. Vivemos a subjetividade como se ela fosse objetiva.

Em geral, fala-se da realidade como algo sólido ou totalmente ilusório. Estamos acostumados a viver nos dois extremos. Ambos estão errados. Nos textos budistas nunca vamos encontrar escrito que o mundo é uma ilusão, mas sim que o mundo é *como* uma ilusão. Este *como* faz toda diferença.

BEL

Qual é o aspecto ilusório? A nossa realidade é subjetiva, certo?

LAMA MICHEL RINPOCHE

Vivemos a realidade subjetiva como se fosse objetiva. Mas isso não quer dizer que o mundo exista só na nossa mente. Os fenômenos da realidade externa existem. Por exemplo, o fogo queima, a água molha... Mas a maneira como nos relacionamos com eles depende da nossa realidade interna. Vivemos a realidade como um sonho sem saber que estamos sonhando: as coisas nos parecem reais. Os fenômenos nos aparecem como se existissem de forma autônoma, como se tivessem uma existência intrínseca, independente, e nós acreditamos neste aspecto ilusório da realidade. Os objetos não existem independentemente do valor e do significado que damos a eles.

BEL

Ok, de tanto em tanto temos que parar, voltar um pouco o filme, rever a cena e nos ajustar a ela. Mas como roteiristas temos liberdade para mudar seu direcionamento. Podemos não mudar as cenas, mas sim o que faremos com elas.

LAMA MICHEL RINPOCHE

A realidade é como a fotografia. Para que a foto saia perfeita, ela depende do objeto, da condição da luz e do fotógrafo. O fotógrafo dará a velocidade da luz, a sensibilidade do filme, a abertura e assim por diante. Conforme a luz e a umidade do ar, o objeto muda de aparência. Tudo isso influenciará a foto.

A foto existe só pelo objeto? Quando olhamos para uma foto, o que vemos? Uma representação do objeto? Normalmente dizemos que sim, mas a foto não está mostrando apenas o objeto, mas também as condições do ambiente e o olhar do fotógrafo. Tudo está representado ao mesmo tempo.

É muito interessante quando conseguimos observar como muda a imagem do mundo à nossa volta no momento em que mudamos a imagem que temos de nós mesmos.

BEL

A imagem do mundo ao nosso redor melhora quando não nos sentimos ameaçados. Enquanto nos sentirmos carentes e frustrados, a realidade externa irá parecer sempre devedora de algo que nos falta. Quanto melhor for a nossa autoestima, menos egocentrados seremos, pois não estaremos mais sendo dragados pela necessidade de sermos vistos pelos outros.

LAMA MICHEL RINPOCHE

O problema é a obsessão pela autogratificação. Ela é a raiz de todos nossos sofrimentos. No budismo não se diz que temos que acabar com o eu. O eu existe. O que temos que eliminar é a ideia de que existimos de forma objetiva. O egoísmo é o resultado da visão ignorante que nos leva a nos vermos como uma realidade objetiva, separada de todo o resto.

BEL

Vivemos esta ideia: eu aqui e o mundo lá. Por isso, quando sentimos algo desagradável, imediatamente pensamos que o problema está fora de nós.

Lama Gangchen Rinpoche sempre nos lembra de que nossa mente é dura. Não percebemos o quanto estamos presos a uma forma rígida de perceber o mundo, como se ele existisse por si só. Não adianta, vivemos acreditando que uma coisa é o que se passa dentro de nós e outra é a realidade externa. Como se ambas existissem independentemente.

LAMA MICHEL RINPOCHE

Nosso objetivo é desconstruir aos poucos essa visão sólida dos fenômenos, que nos faz cair na armadilha de percebermos a realidade como se ela tivesse autonomia. Enquanto os fenômenos se apresentarem para nós de forma sólida, vamos nos apegar a eles e reagir de acordo com essa visão.

Vou tomar como exemplo um livro. Sem analisá-lo, olhamos para ele e o que vemos? Apenas um livro. Mas, se pararmos para analisá-lo, vem a pergunta: o que faz dele um livro? Suas páginas? A capa? As palavras? O livro é a união disso tudo? Para que seja um livro, é suficiente tudo isso estar junto? Não. O livro existe independentemente das páginas? Não. Ele existe independentemente das palavras, do papel, da tinta, de cada uma das partes que o compõe? Também não. Então, o que é um livro? Nada mais do que o nome "livro" e as características e funções que atribuímos a uma união de partes que exerce as funções de livro. Por isso dizemos que a realidade é vazia de existência inerente. Absolutamente nada existe de forma intrínseca, autônoma, que não seja interdependente.

Quem é o Lama Michel? O Lama Michel é nada mais, nada menos, que um nome atribuído a um conjunto de partes: corpo e mente. Mas se eu só pegar a mente, onde ela está? O nome mente é atribuído a um conjunto de partes, que são o fluxo de pensamentos e assim por diante. O mesmo acontece com o objeto de raiva, de ciúme ou de inveja.

BEL

Se a realidade decorre da interpretação e do nome que damos a um conjunto de partes, vivemos numa torre de Babel! Cada um fala a sua própria língua e acha que seria natural o outro entender e concordar com ele. Gastamos tanto tempo de nossas vidas esclarecendo desentendimentos! Cada um quer impor a sua realidade como regra e referencial de uma verdade. Caímos novamente no mesmo ponto: não existe uma realidade externa independentemente da realidade de cada um de nós.

LAMA MICHEL RINPOCHE

Também não existe uma *grande realidade* interpretada por cada pessoa de maneira diferente. O que existe são infinitas realidades individuais. Isso não significa que não exista a realidade externa; porém, a forma como a vivenciamos depende do valor que lhe atribuímos.

BEL

Podemos até saber disso conceitualmente, mas o fato é que só aprendemos com a experiência. Mudar nossa visão sobre a realidade requer introduzir novas experiências positivas assim que as negativas se manifestem. Explico melhor: nosso cérebro age como uma "máquina antecipatória", que continuamente se prepara para o futuro com base no que aconteceu no passado. Essas memórias moldam nossas percepções atuais ao criarem um filtro através do qual, automaticamente, antecipamos o que acontecerá em seguida. Por isso não conseguimos acreditar que algo vai mudar se *sempre* deu errado.

Um ponto interessante a entender é que neurônios que disparam juntos permanecem unidos, decodificando nossas experiências. O neurocientista Daniel Siegel[28] explica que, quanto maior é a frequência dos disparos desses agrupamentos neuronais, mais provavelmente eles dispararão no futuro. Então, quando um elemento desta rede de neurônios é ativado por um pensamento, sentimento ou estímulo externo, ele desperta todas as experiências ligada à sua rede. Dessa forma, os padrões que codificamos na memória realmente influenciam nossas percepções e alteram a forma como interagimos com o mundo. Daí a importância de cuidarmos de nossa mente para não seguir os padrões mentais negativos, pois cada vez que os repetimos criamos novos disparos, adicionando-os aos demais. Reforçamos um padrão de pensamento e ação. Assim, gradualmente, nossa rede de pensamentos e emoções destrutivos vai se tornando cada vez maior, até passar a fazer generalizações diante de eventos semelhantes.

---

[28] O psiquiatra Daniel Siegel é professor da Universidade da Califórnia, Estados Unidos, e diretor do centro de pesquisas Mindful Awareness.

Nesse ponto, lemos os fatos de forma generalizada, achando que *tudo* vai mal. Isso ocorre porque não conseguimos mais discernir que "uma coisa é uma coisa e outra coisa é outra coisa". Por mais que tentemos pensar de um modo racionalmente positivo, sentimos uma sensação subjacente de desconforto e logo encontramos outro pensamento-emoção negativo para nos lamentar.

A consciência de que tudo está interligado nos ajuda a compreender que, para sair de uma corrente negativa, temos que urgentemente introduzir algo positivo para dar início a uma cadeia de fatos positivos. O ponto é que, se não soubermos como introduzir algo positivo, teremos que criá-lo artificialmente. Por exemplo, buscando a ajuda que a princípio desacreditávamos ser possível. Muitos pacientes chegam no consultório desacreditados de que é possível mudar efetivamente algo, mas como o sofrimento é grande demais, ainda buscam por ajuda. Essa é a brecha que eles nos dão para ajudá-los a mudar sua forma de se relacionar com a realidade. Como é a meditação que nos ajuda a desenvolver a correta visão da realidade?

LAMA MICHEL RINPOCHE

Podemos usar uma técnica de meditação analítica. De início, trabalhamos mentalmente a ideia de que todos os fenômenos são vazios de existência intrínseca, pois são interdependentes. Para refletirmos sobre a correta visão da realidade precisamos primeiro acalmar a mente e gerar um estado de equilíbrio, tal como fizemos com o exemplo do livro. Quando tivermos clareza sobre essa questão, nós a colocaremos de lado, guardada, num canto. Vamos esquecê-la por um instante. Em seguida, imaginamos uma situação na qual estamos, por exemplo, diante de uma pessoa que nos desperta uma forte sensação de apego ou aversão. No momento em que percebemos claramente como a sentimos sólida, objetiva e separada de nós, recuperamos aquela mente que estava guardada. Ela surge e nos diz: "Não, isso não é desse jeito, não é sólido e objetivo como nos aparenta, pois depende não só de suas causas, condições e partes, mas também do nome que lhe foi atribuído. É vazio de existência intrínseca."

Nesse momento, geramos uma atitude oposta àquela que sentíamos como sólida e objetiva. Devemos permanecer nesse estado meditativo pelo tempo que pudermos. Fazendo isso, conseguimos gradualmente ter uma experiência cada vez menos conceitual sobre a correta visão da realidade, até que passamos a senti-la e não mais a apenas entendê-la. Essa percepção irá, então, se manifestar em todos os aspectos da vida.

BEL

Você descreveu essa meditação de uma maneira tão clara e simples que pode até parecer fácil. Mas essa é uma das meditações mais avançadas do budismo. De fato, interagir com os objetos, com tudo o que se apresenta aos nossos sentidos, de forma coerente com o que eles são, nos aproxima da realidade. Diante de situações difíceis, instintivamente buscamos escapar da realidade. Mas, se buscarmos a visão correta da realidade em vez de nos dissociarmos dela como forma de alívio, iremos encontrar mais leveza ao lidar com as situações, sem o peso da solidez que habitualmente criamos.

LAMA MICHEL RINPOCHE

Exatamente. Quando falamos que algo é vazio de existência intrínseca, não estamos nos destacando do objeto, mas sim nos aproximando de sua verdadeira natureza.

Capítulo 19

Uma mente iluminada se relaciona constantemente com a interdependência positiva

BEL

Existe diferença entre a natureza da mente de uma pessoa comum e a de um Buddha?

LAMA MICHEL RINPOCHE

As duas naturezas são interdependentes, vazias de existência intrínseca. A natureza da mente de ambas é a mesma, mas elas se manifestam de maneiras diferentes. Se acreditarmos que somos um prisioneiro, vamos levar a vida como um prisioneiro, certo? Mas, se realizarmos a sabedoria da vacuidade, saberemos que somos livres. A forma como nos sentimos em relação à realidade pode não mudar a realidade mas a maneira como a vivemos.

Uma mente iluminada se relaciona constantemente com a interdependência positiva, enquanto nós, em grande parte, vivemos numa interdependência negativa. A base que forma o nosso caminho, budista ou não, é a certeza de que temos potencial para desenvolver nossas qualidades. Um exemplo é o processo de familiarização e compreensão do amor que já sentimos dentro de nós.

O fato é: posso amar de uma forma melhor? Posso. Se acreditarmos nisso e colocarmos toda a nossa energia nessa direção, aos poucos ocorre a mudança. Caso contrário, podemos criar uma certa dependência, e até mesmo veneração, pelo Grande Amor e por aqueles que o têm, mas achamos que para nós ele continua inatingível.

BEL

Gostei da definição de que um Buddha, uma mente iluminada, vive na interdependência positiva. Seria essa a sabedoria que ocorre junto com o Grande Amor?

LAMA MICHEL RINPOCHE

Claro! A mente de Grande Amor é desenvolvida junto com a sabedoria. Se não realizarmos a sabedoria que percebe a interdependência dos fenômenos, amar poderá nos frustrar, trazer sofrimento. Posso pensar: "Eu te amo, vejo que você está sofrendo, sofro com isso também e não consigo ajudá-lo a sair desse sofrimento". Enquanto permanecermos sofrendo, não poderemos ajudar de fato quem sofre. Não adianta ficarmos indignados. Temos que criar uma interação positiva com a realidade para que algo possa mudar.

Capítulo 20

Nadar contra a correnteza

BEL

Muitas vezes queremos ser compreensivos e tolerantes e, na realidade, como não somos, acabamos por teatralizar esses sentimentos.

LAMA MICHEL RINPOCHE

Achamos que temos que ser espontâneos, mostrar tudo o que sentimos, mas quando estamos indignados, por exemplo, é melhor não agirmos de acordo com a indignação. Normalmente, vivemos na base da reação. Nós nos deixamos levar totalmente pelos condicionamentos, sem ter a menor consciência de que estamos presos a eles. Não pensamos na possibilidade de não ter raiva, simplesmente a sentimos. "Eu sou assim e pronto!" É isso que em geral acontece.

Temos emoções, mas isso não significa que devemos segui-las. No início, vamos nos autoinduzir a determinados estados de consciência de forma artificial. Mas, conforme praticarmos estes estados, principalmente através da meditação, iremos nos familiarizar com eles, até que passam a surgir de forma natural e espontânea.

Por exemplo, podemos dizer "eu te amo" pelo menos uma vez ao dia para alguém que desconhecemos. Não verbalmente, mas de coração. Se verbalizarmos, poderemos criar um pouco de conflito. Precisamos ter cuidado e carinho pelo outro. Ao fazer isso, sentiremos prazer.

Praticar o Grande Amor é nadar contra a correnteza: observar os nossos condicionamentos negativos e agir de forma contrária a eles.

Não é fácil, mas possível. Se estou com raiva, posso escolher não reagir porque sei que isso não me faz bem. Já sei que, quanto mais raiva eu sinto, mais raiva vou sentir. Pode parecer um teatro mas não é falso, pois estamos determinados a não seguir a raiva. Temos uma escolha clara de que é melhor teatralizar uma cena pacífica do que ser espontâneo e violento. Mas, com nós mesmos, não podemos teatralizar os sentimentos, temos que ser verdadeiros e enfrentar o que estamos sentindo.

BEL

O corpo serve de base para pousarmos nossas emoções e também para observá-las. Perceber como nosso corpo se comporta diante do que sentimos nos torna mais donos de nós mesmos. Ser verdadeiro consigo mesmo requer familiaridade com as próprias emoções. Por exemplo, quando o peito se contrai e a garganta se fecha antes de chorar ou a barriga fica dura quando estamos ansiosos. Quem não conhece a sensação de sentir um frio na barriga diante de um desafio? Estas são expressões maiores das emoções em nosso corpo. Se pararmos para observar as emoções e os pensamentos mais fugazes e sutis, vamos notar o quanto a nossa respiração muda e como a tensão vagueia pelo corpo conforme eles ocorrem. É incrível reconhecer o momento em que eles surgem em nosso corpo ou vão embora.

Em geral, quando entramos em contato com o corpo, primeiro somos levados a perceber a região que está dolorida; mas é importante também nos treinarmos para reconhecer as partes que estão relaxadas. Nelas poderemos manter a atenção para descansar e sentir segurança.

Costumamos dizer que "engolir sapos" nos deixa doentes, mas não podemos confundir o ato de reprimir a raiva com o de manter o autocontrole. De qualquer forma, esse exercício de autoconhecimento não é óbvio, uma vez que a raiva tem muitas faces.

LAMA MICHEL RINPOCHE

É verdade, a raiva tem muitas faces e se manifesta direta ou indiretamente. Quando a expressão é direta, falamos de um jeito irônico, violento, levantamos a voz, fazemos cara feia, seja o que for.

Quando é indireta, ou seja, não se manifesta abertamente, geramos aversão pelo objeto de raiva. Neste caso, não lhe damos a atenção necessária, não o tratamos do jeito que deveríamos tratar, criamos interferências e problemas.

A pior interferência é a interna: os nossos próprios venenos mentais. Sem dúvida, as interferências externas também causam problemas, pois despertam os venenos mentais. As condições do ambiente e dos outros seres também podem nos dificultar. No entanto, se não tivéssemos as interferências internas, as externas não nos desequilibrariam.

BEL

Sem as interferências internas, os acontecimentos externos seriam percebidos apenas como dificuldades passageiras. Aprender a reconhecer tanto os nossos bloqueios internos como os nossos recursos para superá-los faz parte do processo psicoterapêutico. Em nossa cultura ocidental, *conhecer* implica *saber mais* a respeito de algo. A psicologia budista, ao contrário, não busca apenas acumular conhecimento sobre o mundo interior, mas ampliar nossa capacidade de nos abrirmos para nós mesmos. Em outras palavras, é mais importante nos observarmos do que nos analisarmos. Afinal, o estado de abertura e receptividade que cultivamos interiormente é a base que nos sustenta para encararmos cenas emocionais complexas e dolorosas. É como visitar um país estranho. Em vez de *lermos* tudo o que pudermos a respeito do local, nós nos abrimos para deixar que o local *nos conte* como ele é.

LAMA MICHEL RINPOCHE

Seguir os ensinamentos de Buddha é criar novos paradigmas, relacionar-se com a realidade externa e consigo mesmo de uma nova maneira. É nadar contra a correnteza. Muitas vezes fica difícil, nos cansamos, mas não há como voltar atrás. Mas chega um momento em que transcendemos a correnteza e flutuamos sobre ela. Isso, sim, traz significado para a vida.

Capítulo 21

Ficar livre de um condicionamento não é tão difícil quanto a gente imagina

BEL

Não basta nos darmos conta do que sentimos de maneira superficial. É preciso ir além, ter curiosidade sobre o que procuramos evitar. Sob cada sentimento, existem outros que o sustentam. No entanto, é difícil ter essa atenção exploratória se estivermos sobrecarregados emocionalmente ou excessivamente mentais, querendo apenas entender o que se passa conosco, sem perceber o que estamos de fato sentindo. Vergonha, culpa e frustração dificultam a auto-observação, pois estão carregadas de críticas que nos jogam para baixo.

Quando temos consciência do que a raiva nos causa, decidimos não manifestá-la, mas sim dialogar com ela. Podemos usar a nossa respiração como uma forma de diálogo. A cada inspiração surge uma pergunta e a cada expiração uma resposta. Não é preciso pensar ou dizer palavras. No momento em que passamos a encarar a raiva como algo que deseja ser ouvido por nós, já iniciamos um diálogo com ela.

A dor que não vai embora é aquela que não foi sentida. À medida que abrimos espaço para as emoções desagradáveis, elas começam a se modificar. Esse espaço cresce quanto mais acolhermos o que queremos evitar. Aos poucos, podemos sentir que já estamos suficientemente seguros para lidar com a nossa dor. A cura começa quando surge em nós uma voz interna que diz algo que nos leva a encarar o fato sob um novo olhar.

LAMA MICHEL RINPOCHE

A mudança se dá no dia a dia, nas pequenas coisas. Não devemos perder a determinação, mas também respeitar o tamanho de nossas pernas, lembrando que cada pequena ação traz um grande resultado. Não existe uma única grande ação capaz de mudar tudo.

BEL

Muitas vezes parece impossível mudar nossa forma de ser.

LAMA MICHEL RINPOCHE

Ficar livre de um condicionamento não é tão difícil quanto a gente imagina. Mas é preciso mudar nossa atitude interior, nossa identidade. Temos comportamentos e hábitos de que não gostamos, sabemos que não nos fazem bem, mas nos reconhecemos neles. Mesmo sabendo que nossa atitude não é correta, não queremos mudá-la por orgulho. É o orgulho e a arrogância de dizer "eu sou assim" que não nos permitem fazer a mudança.

Para mim a palavra-chave é "humildade", que nada tem a ver com sentir-se inferior. Humildade é saber até onde se pode chegar, respeitar os próprios recursos, não esperar nem ter a presunção de que o outro ou o mundo seja como eu acho que devem ser.

É importante saber quais são os nossos recursos e de que forma podemos agir para chegar ao melhor resultado. Aos poucos, vamos perceber que estamos muito mais à frente do que imaginávamos e que foi muito mais fácil do que parecia.

Capítulo 22

O que é a mente e como ela funciona

Lama Michel Rinpoche

Há textos do budismo tibetano que explicam dois aspectos mentais que geram os nossos comportamentos e atitudes. Um é *kun-dak*, um aspecto construído na mente, e outro é *hlen-quie*, um aspecto espontâneo. *Kun-dak* são os nossos hábitos mentais desta vida, gerados a partir dos aprendizados culturais que recebemos e de nossa experiência pessoal. *Hlen-quie*, os aspectos espontâneos, são o amor, a compaixão, a paciência, a arrogância, o apego, a inveja, o medo etc. Eles surgem de forma natural, independentemente da cultura na qual vivemos e da educação que recebemos. São estados da mente sutil que levamos de uma vida a outra. O fato é que moldamos a nossa mente em vidas anteriores e temos, como resultado, um modo de ser na atual existência.

Bel

Então nossa personalidade resulta tanto do meio social em que nascemos como das marcas que trazemos na mente sutil. Em outras palavras, cada pessoa já nasce com um *quantum* de medo, amor, raiva, generosidade etc., que amadurece de acordo com as condições que encontrar.

LAMA MICHEL RINPOCHE

De vida em vida, levamos as marcas de nossas emoções mais fortes como tendências emocionais. Por isso, o objetivo final dos ensinamentos de Buddha é transformar *hlen-quie*, o aspecto espontâneo, ou seja, a mente sutil.

É interessante refletir sobre os hábitos, *kun-dak*, construídos na nossa sociedade, na nossa vida. No Ocidente, temos uma forte influência de religiões monoteístas, da utopia materialista e da ciência, a nova religião criada no século passado.

Pelo fato de vivermos numa cultura monoteísta, construímos nossa visão da realidade a partir da ideia de um criador. Alguém fez as coisas. Muitas vezes fala-se que algo simplesmente é como é porque Deus quis. Isso tem uma grande influência em nosso modo de ser e pensar. Buscamos *uma* causa, *uma* solução. Só que isso é totalmente incoerente, pois nada decorre de uma só causa.

BEL

Quando falamos dos aspectos espontâneos, *hlen-quie*, introduzimos um conceito novo para os ocidentais: os estados da mente sutil. O conceito de uma mente sutil é próprio do budismo tibetano. Talvez seja melhor esclarecermos o que é a mente e como ela funciona.

LAMA MICHEL RINPOCHE

A definição de mente em tibetano é *sal-shing rig-pa*. *Sal-shing* quer dizer "clara" e *rig-pa*, "cognitiva". Ou seja, a mente é clara e cognitiva. O que isso quer dizer? É clara porque está sempre ativa, não dorme nunca, não tem um momento de escuridão em que deixa de funcionar. Mesmo nos momentos de sono profundo, a mente está ativa. É cognitiva porque tem a função de perceber e conhecer os objetos. Em outras palavras, a mente é a capacidade que temos de perceber e de nos relacionar com tudo.

Somos compostos por corpo, palavra e mente grosseiros, sutis e muito sutis. Todos estão conectados entre si.

Corpo grosseiro é o corpo físico, ou seja, carne, osso, órgãos etc. *Mente grosseira* é a mente consciente, manifesta, que percebe o mundo por meio dos sentidos. Ela está sempre em contato com os seis objetos de percepção: aqueles que apreendemos pela visão, audição, olfato, paladar, tato e intelecto. Portanto, são aspectos da mente grosseira as nossas ideias, a capacidade de compreender algo e as emoções que manifestamos, quer dizer, aquelas que vêm à tona, sejam positivas, sejam negativas – como o amor e a raiva. *Palavra grosseira* é a comunicação, aquilo que podemos emitir ao outro através do som com seu significado.

Corpo sutil é o nosso corpo energético. No budismo tibetano, é descrito como o conjunto formado por canais, ventos e gotas, conectados principalmente com a mente sutil, ou seja, com as nossas emoções não manifestas. A *mente sutil* não surge espontaneamente, não temos consciência dela, mas está lá. Posso dizer, por exemplo, que não *estou* com raiva, mas não posso dizer que não *tenho* raiva. Tragam para mim um objeto de raiva e aí veremos o que acontece. Onde está essa emoção que nem sempre se manifesta? Na mente sutil. A generosidade, o amor, a sabedoria, o apego, a raiva, o ciúme e a inveja estão ocultos na mente sutil.

Tem uma história interessante de um monge que estava fazendo um retiro fechado, solitário. Um mestre vai ao seu encontro e pergunta: "Que tipo de retiro você está fazendo?". Ele responde: "Estou meditando sobre a paciência". O mestre, então, cospe na cara dele, dá-lhe um tapa e, em seguida, dá um passo para trás. O monge reage imediatamente, com a intenção de revidar. O mestre olha para ele e diz: "Lembre-se de uma coisa: sem um objeto de raiva, você nunca poderá praticar a paciência." É fácil estar bem quando tudo está bem. Só desenvolveu a paciência aquele que não reage com violência mental, verbal ou física diante de uma situação provocadora.

A *mente muito sutil* é aquela que vai de uma vida à outra, levando consigo as marcas da mente sutil. A única percepção que podemos ter, verdadeiramente, da mente sutil ocorre no momento da morte ou numa meditação muito profunda. Não há outra possibilidade.

O *corpo muito sutil* serve de suporte para a *mente muito sutil*. Podemos imaginá-lo como uma energia de vibração muito leve.

No momento da nossa morte, o corpo e a mente grosseiros e sutis perdem força, até que a única coisa que fica é a mente muito sutil, onde estão as marcas das nossas emoções, das nossas memórias, do nosso caráter, ou seja, o que se leva de uma vida à outra. O que continua, efetivamente, é o corpo e a mente muito sutis, que são a essência da nossa existência.

Capítulo 23

Temos que treinar tanto a mente grosseira como a sutil

BEL

Se a mente grosseira é um reflexo da mente sutil, então precisamos mudar a mente sutil para transformar a grosseira. Quais são os métodos que lidam com esse nível sutil da mente?

LAMA MICHEL RINPOCHE

Existem práticas específicas no caminho Vajrayana[29] nas quais o objetivo é gerar um estado muito sutil de consciência, para entrar em contato com a mente muito sutil e, nesse estado, gerar sabedoria para eliminar a ignorância pela raiz. Porém, estamos falando de coisas extremamente avançadas. Isso é apenas para os grandes mestres. Existem alguns caminhos possíveis para nós: um deles é modelar a mente grosseira e, dessa forma, ela terá uma grande influência sobre a mente sutil, que, por sua vez, deixará boas marcas na mente muito sutil. Essa mudança é lenta e gradual.

A *mente sutil* é como um quarto muito importante da nossa casa que nunca entramos para limpar. De vez em quando, damos uma entrada rápida, limpamos a poeira que está por cima e nos sentimos bem, mas esquecemos de limpar as manchas que estão lá dentro e, de repente, elas surgem de novo. Aí nos lembramos de que elas existem.

---

[29] Vajrayana, palavra sânscrita que significa "veículo de diamante", é também chamado "caminho tântrico". Integra um conjunto de práticas avançadas do budismo Mahayana, que tem como finalidade atingir a iluminação para beneficiar todos os seres.

Então, é importante começarmos a entrar em contato com a nossa mente sutil, observando-a assim que ela começa a se manifestar no nível grosseiro. Por que manifestamos uma certa emoção? Como reagimos frente a ela? O mais importante é observarmos nossos impulsos com sinceridade, sem pressa. Se aprendermos a reconhecê-los no momento em que estão saindo, podemos dizer: "Eu vou te pegar. Você vai sair e não vai voltar." Ok, eles voltam, mas com menos força.

BEL
Nos momentos de estresse é que vemos como a mente fraqueja.

LAMA MICHEL RINPOCHE
Nos momentos de dificuldade as nossas sombras aparecerem. Quando isso ocorre é extremamente precioso aproveitar para nos auto-observarmos. Se conseguirmos aplicar o antídoto, melhor ainda. É ótimo isso! Se tem uma coisa que me preocupa é chegar num ponto em que eu penso que está tudo ótimo e, na verdade, eu não estou. Quando a raiva ou qualquer outro veneno mental aparece, é como se alguém cutucasse algo dentro de nós. Mas, se não houvesse o que cutucar, nada sairia.

BEL
Normalmente, não consideramos os condicionamentos da mente sutil. Achamos que, quando algo foi entendido racionalmente, já foi resolvido. Essa ideia aparece com frequência em relacionamentos tensos, durante discussões: "Já conversamos sobre isso, não precisamos voltar atrás!". Nesses momentos é que faz falta entender a importância de cuidar dos aspectos não verbais, como a perda da espontaneidade ao se expressar. Outras vezes nos surpreendemos quando voltam a surgir questões emocionais que pensávamos já estarem resolvidas. "Como assim!? Não era mais para eu estar sentindo isso…"

Lama Michel Rinpoche

Não estamos acostumados a nos relacionar com a mente sutil. Quando notamos algo negativo, pensamos que o problema está no que fizemos de errado. Não pensamos que o problema possa estar em nossos hábitos mentais. É como dizer: "Nossa, faz tempo que limpo este quarto e as manchas ainda não saíram!". O problema é que estamos só passando o pano com água sem esfregá-lo.

Temos que treinar tanto a mente grosseira como a sutil. O fato é que há uma distância entre compreender e realizar algo. Precisamos repetir a mesma ideia muitas vezes até ela se tornar uma experiência direta, quando passa a fazer parte da nossa forma de agir e pensar. Esse é um processo longo e constante.

Bel

Você disse que é importante começarmos a entrar em contato com os impulsos da mente sutil observando-a assim que eles começam a surgir. Algumas pessoas são mais mentais. Elas não percebem as emoções e as sensações físicas que ocorrem enquanto relatam alguma experiência, pessoal ou não. Outras têm uma sensopercepção mais apurada. Eugine Gendlin explica que "a sensopercepção não é mental, mas física. Uma percepção corporal consciente de uma situação, pessoa ou acontecimento. Uma aura interna, que abrange tudo o que você sente e sabe a respeito de um determinado assunto, num determinado momento – abrange isso e o comunica de modo imediato, em vez de detalhe por detalhe."[30] Quando isso ocorre não há mais conflitos entre o que pensamos e sentimos, entre quem pensamos que devemos ser e quem somos no exato momento.

Alguns exercícios melhoram a sensopercepção. Um profissional treinado com certas técnicas, como a Técnica de Focalização, de Eugine Gendlin, nos ajuda a entrar em sintonia com nosso mundo interior de um modo aberto e receptivo, e não simplesmente deixar os pensamentos fluírem sem nos conectarmos com eles.

---

[30] GENDLIN, Eugene T., *Focalização: uma via de acesso à sabedoria corporal*. São Paulo: Gaia, 2005. p.79.

Gendlin explica: "O que surge com a focalização nunca é um fardo se você adotar a atitude que chamamos de 'acolhimento'. Receba bem qualquer coisa que venha com a mudança corporal, mas mantenha certa distância dela. Você não *está* nela, mas *perto* dela."[31] Desta forma, aprendemos a trabalhar a sensopercepção.

O terapeuta irá repetir uma palavra ou frase curta dita pela pessoa, que foca o que ela está sentindo. Ela, por sua vez, irá observar como a palavra ressoou em seu corpo e dizer para o terapeuta se encaixa ou não perfeitamente no que está sentindo. Quando alguém nos fala algo que não se ajusta totalmente a nós, sentimos que não é verdadeiro. Então, busca-se uma nova palavra que se encaixe totalmente. Quando isso ocorre temos uma sensação de inteireza. Muitas vezes nos dizemos algo, mas, intuitivamente, sabemos que não é totalmente verdadeiro.

Na Experiência Somática®, a sensopercepção se refere à nossa capacidade de estar em contato com o mundo interior ao mesmo tempo que percebemos o mundo ao nosso redor. É um treino reconhecer como nosso corpo reage às experiências externas que nos estimulam. Prestar atenção no corpo não significa desligar-se dos pensamentos e sentimentos, mas sim prestar atenção no modo como eles se manifestam em nosso corpo, enquanto nos sintonizamos com o que se passa dentro e fora de nós. Aliás, pesquisas científicas afirmam que, quanto maior a capacidade de uma pessoa em perceber o mundo no nível da sensopercepção, mais rápido ela se recupera de um trauma psicológico. Por isso, as técnicas de Experiência Somática® nos ensinam a ter consciência de nossas sensações físicas sutis e, assim, permitir que seus ciclos de ativação e desativação possam ocorrer. São muitas as tensões, mágoas, medos e sustos que permanecem em nosso corpo de modo suspenso, inacabado. Por isso, precisamos descarregá-las para fecharmos seus ciclos até voltarmos a um estado de equilíbrio dinâmico.

---

[31] Ibidem. p.79.

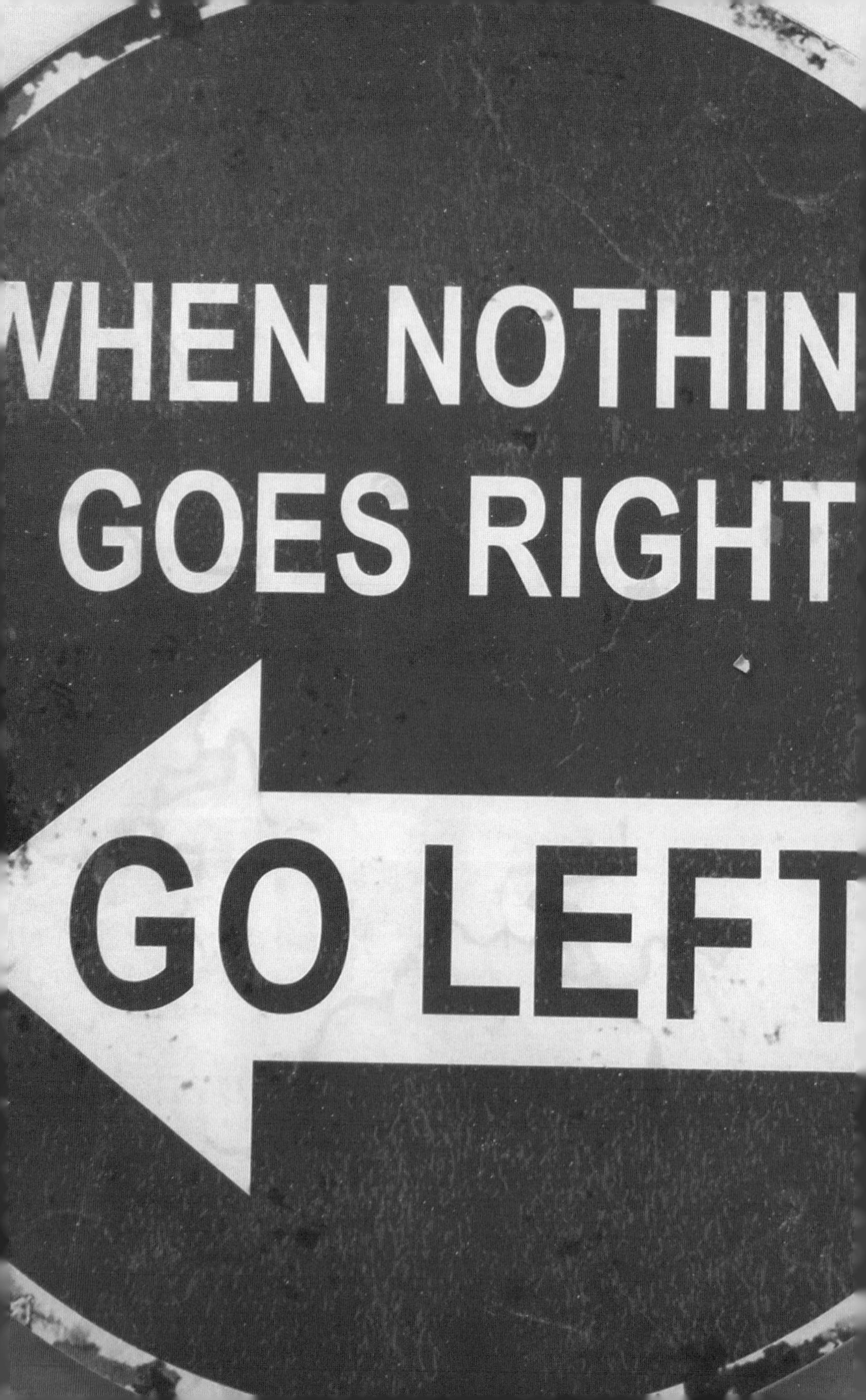
VHEN NOTHIN
GOES RIGHT
GO LEFT

Capítulo 24

Não é possível passar diretamente de um sentimento negativo para um sentimento positivo

BEL

Medo e aversão andam juntos. Em geral, evitamos, pelo menos num primeiro instante, o que nos gera insegurança. A aversão pode durar pouco ou muito tempo conforme nos conscientizamos dela. A aversão antecede a raiva?

LAMA MICHEL RINPOCHE

Sim, a raiva é o resultado da aversão. A aversão é uma emoção mais profunda que a raiva. Existe uma diferença entre gerar amor e gerar a não aversão. O primeiro passo é gerar a não aversão, depois o amor, ou seja, não conseguimos passar de um sentimento de aversão diretamente para o sentimento de amor.

O estado de não aversão surge quando estamos diante de um objeto de raiva e nos "forçamos" para não reagir com raiva. Se não gosto de como uma pessoa fala comigo, me dá vontade de responder mal, respiro três vezes e procuro falar de uma forma correta. Não podemos ter a expectativa de que basta respirarmos três vezes para sentir amor. Isso não vai dar certo. Não é possível passar de um sentimento negativo para um sentimento positivo sem antes neutralizar o negativo. Da mesma forma, para lidar com o apego vamos ter que desenvolver inicialmente o não apego e, para lidar com a indiferença, a não indiferença.

BEL

Ficar neutro não quer dizer ter a mente vazia, ser indiferente ou apático. Pois, quanto maior a falta de interesse por algo ou alguém, menor será a capacidade de termos qualquer tipo de afeto. Ficar neutro não é um estado de displicência, mas sim de abertura e compreensão.

LAMA MICHEL RINPOCHE

Quanto mais desenvolvo compreensão, equanimidade e compaixão, menos aversão vou sentir.

BEL

Thich Nhat Hann[32] dá um bom exemplo de como lidar com a aversão nas reuniões onde já sabemos de antemão que vai haver discórdia. Ele conta que certa vez Shariputra, um dos mais importantes discípulos de Buddha, quando estava para ocorrer uma reunião entre os monges, teria dito: "Irmãos, há cinco situações em que a raiva pode surgir e ser evitada. Uma delas acontece quando as ações de alguém nos irritam, porém não suas palavras. Há pessoas que não suportamos ver. A maneira como se portam e se movem nos irrita, no entanto suas palavras não são ofensivas. Quando encontrarem alguém assim, escutem as palavras e ignorem as ações. Se vocês se concentrarem nas ações, a raiva surgirá; contudo, se prestarem atenção apenas nas palavras, ela desaparecerá."[33] De qualquer forma, creio que primeiro precisamos encontrar uma certa estabilidade antes de conseguirmos nos abrir. Quando notamos que o objeto de raiva já não nos desequilibra, devemos procurar ter menos preconceito. É um processo interno, silencioso, que também exige esforço constante.

---

[32] Monge budista vietnamita.

[33] HANN, Thich Nhat. *Ensinamentos sobre o amor*. Rio de Janeiro: Sextante, 2005. p. 45.

LAMA MICHEL RINPOCHE

Só de nos dispormos a lidar com os venenos mentais, já abrimos nossa capacidade de ver melhor a situação. É importante saber como colocar a nossa energia num relacionamento sem ter nenhuma expectativa, sem esperar que o outro seja da forma que queremos.

Um bom exemplo é o caso que ocorreu na Itália com uma vizinha do Centro de Dharma, em Milão. Todo mundo brigava com ela e ela, com todo mundo. A coisa foi parar no tribunal por causa de barulho. Então não podemos dizer que ela estava errada.

Para quem não conhece o lugar, há um pátio interno, com a sala de meditação no fundo e, bem ao lado, ficava o estúdio de fotografia do marido dessa senhora. Quando Lama Gangchen chegou em Milão, lá pelos idos de 1980, recebia uns monges vindos da Índia, que nada sabiam da cultura ocidental. Logo cedo, eles começavam a fazer as cerimônias tocando trompas, pratos… Era o maior barulho! O marido dela ficava furioso e colocava o carro com a porta aberta em frente ao *gompa*,[34] com o rádio ligado no volume máximo. E deixava lá. Daí ele faleceu e a esposa encarnou o caráter do marido, brigando com as pessoas, dessa vez por causa do estacionamento. Ninguém se dava com ela e todos batiam boca.

Quando fui morar em Milão, resolvi fazer amizade com aquela senhora. Comecei a dar bom-dia sempre que a encontrava, de forma sincera, porque senão a outra pessoa sente que não estamos sendo verdadeiros. Mesmo assim ela me olhava com cara feia. Quando eu ia estacionar o carro, sempre na vaga do Centro – o que me desobrigava a perguntar qualquer coisa para quem quer que fosse –, eu perguntava para ela se podia deixar o carro ali. Ou seja, eu era muito mais gentil do que deveria ser normalmente. Aos poucos ela foi cedendo e, de repente, estávamos almoçando juntos. A situação mudou completamente. Qual foi minha atitude? Em vez de bater de frente com ela e prolongar uma briga que já estava durando quinze anos ou mais, fiz exatamente o contrário.

---

[34] Templo, sala de meditação.

Quando ela se aproximava com aquela energia, eu deixava passar como se nada estivesse acontecendo. Ela tem aquele caráter mesmo, é o jeito dela, até hoje é assim. Tornou-se minha amiga e continua gritando.

Aproximar-se de uma pessoa com uma energia boa, com carinho e amor, respeitando suas necessidades e seu desejo de ser feliz, tantas vezes quanto for necessário, um dia começa a dar certo e as coisas mudam. Para mim, isso é ter flexibilidade, é não ficar preso a uma atitude que não leva a nada.

Capítulo 25

Discutir não resolve nada e ainda piora a situação

BEL

A raiva tem um ciclo. Primeiro surge o evento provocativo, depois o pensamento ou a reação automática frente ao ocorrido, em seguida ocorre o estresse emocional: algumas pessoas atacam, outras fogem. Quem não pode fugir ou atacar fica paralisado, congelado. Quem sabe se autorregular sente tudo isso e ainda consegue se acalmar. Aquele que é evoluído espiritualmente consegue sentir empatia por quem o agrediu, até o ponto de ter compaixão. Mas, em geral, não é isso que ocorre...

LAMA MICHEL RINPOCHE

Se não tenho familiaridade com a minha mente no momento da raiva, não haverá como controlá-la. É como certas doenças que, no momento em que aparecem, não dá mais para cuidar. O ponto é cuidar da mente antes de a raiva vir à tona. Temos que fazer o mesmo com a inveja, o ciúme e assim por diante. Temos que nos trabalhar quando estamos bem, calmos e protegidos, numa situação de segurança. Eu vi muitas vezes relacionamentos lindos serem destruídos pela raiva. É muito triste. Se queremos ser felizes, por que destruímos aquilo que é mais precioso para nós?

153

Desejamos que os outros nos amem, mas ao mesmo tempo não criamos as condições para que o outro possa nos amar. Eu já vi uma situação em que a pessoa estava sempre nervosa, com raiva, e o outro aceitando, engolindo, engolindo, engolindo... E aí, um dia, aquele que estava sempre nervoso muda e fica gentil. Só que aquele que engoliu durante tanto tempo já não aguenta mais, para ele acabou, não tem mais história. O que antes vivia nervoso diz: "Mas como? Agora que eu mudei!" Pois é, ele mudou, mas o que foi acumulado nos anos não. Por isso é melhor termos cuidado com nossos ataques de raiva. Eles nos distanciam das pessoas que amamos. Isso é matemático.

BEL

"Quando um não quer, dois não brigam", diz o ditado popular. Mas como conviver com uma pessoa que quer sempre brigar? Existem pessoas viciadas na raiva: elas só conseguem se organizar após uma explosão emocional. Certa vez perguntei ao Rinpoche: "Como lidar com uma pessoa agressiva?" Ele respondeu: "Quando alguém for agressivo com você, continue no seu estado normal... dentro de você tudo deve continuar normal. Uma pessoa com raiva é como um bêbado. Você sabe que não adianta conversar com ela enquanto estiver assim."

Ok, temos que gerar uma certa distância para nos acalmar e esperar que a pessoa se acalme. Isso pode levar dias ou, conforme o impacto do ocorrido, anos. Depois nos reaproximamos e reavaliamos a situação. Há muitos anos dei para o Rinpoche um caleidoscópio. Ele olhou, olhou, e depois me disse: "É muito importante ter a mente zoom. Alterar o olhar: ora perto, ora distante."

LAMA MICHEL RINPOCHE

Alguém pode dizer: "Ah, mas aquela pessoa fez isso e aquilo..." A raiva pode melhorar a situação? Não. Como dizia Shantideva: "Se você tem um problema e pode resolvê-lo, por que ficar com raiva se pode resolvê-lo? Se você tem um problema e não pode resolvê-lo, por que ficar com raiva se não pode resolvê-lo?"

Não há desculpas para ter raiva. Isso não quer dizer que nunca vamos senti-la. Ela vai sempre surgir de uma forma espontânea.

BEL

Outro dia, eu estava na faixa esquerda da avenida Dr. Arnaldo, para fazer o contorno em direção ao Pacaembu, quando o sinal fechou. Parei o carro. Inesperadamente, o motoqueiro à minha direita deu um soco no vidro da frente e gritou: "Olha lá como dirige! Você quase pegou minha perna!" Assustada, olhei para ele sem entender nada. Afinal, não estava dirigindo rápido, não havia freado bruscamente e muito menos senti ter encostado na sua moto... Enfim, devo tê-lo assustado! Mas logo vi que não havia jeito de pedir desculpas ou tentar melhorar a situação: ele colocou a moto na frente do meu carro e, com voz e olhar raivosos, gritou, me convidando para um duelo sem precedentes.

Vulnerável diante de sua ameaça, senti meu coração acelerar. Então, instintivamente, baixei os olhos e repeti em silêncio inúmeras vezes: "Essa raiva é sua, fique com ela..." Num misto de nervosismo e certeza, tive a intenção clara de enviar-lhe a mensagem de que não estava disposta a brigar. O sinal para quem deveria seguir em frente abriu e ele, ainda me xingando, foi embora. Aliviada, ainda sentia o efeito da adrenalina em meu corpo enquanto deixava aquela situação para trás.

Entendi que precisamos nos treinar para não cair na armadilha da agressividade alheia, pois ela atua como um catalisador da nossa própria agressividade interna. Era preciso definitivamente me distanciar da raiva dele. Não era hora de procurar entender nada, apenas de me desconectar. Tenho certeza de que não ter agido foi a melhor forma de me proteger.

LAMA MICHEL RINPOCHE

Discutir não resolve nada e ainda piora a situação. O importante é podermos pegar a raiva, olhá-la nos olhos, ver como ela funciona, de onde ela vem e o que está por trás dela. O ponto é que não existe desculpa ou razão no mundo para se ter raiva. Não importa o que aconteceu nem o que o outro fez. A raiva resolve alguma coisa? Ficar nervoso resolve alguma coisa? Se raiva resolvesse algum problema, o mundo seria perfeito, mas sabemos que não é assim.

BEL

Acontece que, em geral, quem está com raiva explode com aqueles que são mais vulneráveis e estão mais perto delas no convívio diário. Os agressores abusam dessas pessoas porque sabem que elas os temem e não irão reagir. O pior é que, depois que descarregaram sua raiva, acreditam que os outros devam perdoá-los. O trabalho de elaborar a raiva fica então para quem foi agredido. Este é um jogo perverso.

LAMA MICHEL RINPOCHE

Eu já vi várias vezes pessoas se justificando por terem dito a coisa errada num momento de raiva, como se a raiva fosse culpada pelo que elas fizeram. "Desculpe, é que eu estava com raiva, mas não é isso que queria dizer…" Mas estar com raiva não é desculpa porque, no momento em que eu falo algo, aquilo não é mais meu, já saiu e não tem mais como puxar de volta. A palavra tem um poder enorme, suas consequências por vezes são de distanciamento sem reparação. Tudo tem o seu limite e consequência.

BEL

Conhecer nossos limites e recursos é tarefa para a vida toda. Quanto mais sinceros formos nesta análise, melhor iremos lidar com os momentos de muita pressão. É importante saber onde queremos de fato chegar. Mas como se fortalecer para não se tornar uma presa fácil da raiva alheia? Em primeiro lugar, precisamos manter em mente que o objetivo de quem nos agride é nos desestabilizar.

Se formos honestos e reconhecermos nossos pontos vulneráveis, podemos nos proteger. Por exemplo, se já sei que alguém costuma me colocar para baixo, dizendo que não sou capaz ou ressaltando minhas falhas, posso ainda assim ouvir e pensar: "Lá vem ele de novo". O importante é não se enganchar no texto do outro. Cada vez que reagirmos às palavras agressivas, seja para nos defendermos, seja para atacarmos, caímos na armadilha do agressor.

O agressor nos acua ressaltando "apenas" nossos defeitos até perdermos de vista nosso potencial de força. Podemos escutar o que ele tem a nos dizer. Talvez tenha razão, mas mesmo assim não somos apenas defeitos. Temos também qualidades e recursos para mudar. Então, lembre-se: o ataque pessoal é a última estratégia de quem está perdendo uma discussão. Aquele que se tornou grosseiro não tem mais argumentos lógicos. Mesmo que não demonstre, ele está com medo e indefeso, por isso irá atacar antes de ser atacado. Mas, quem sabe lidar bem com a raiva enfrenta o problema e não a pessoa!

Chagdug Rinpoche dizia que as provocações são como flechas atiradas em nossa direção, mas, na realidade, elas não nos atingem: caem no chão. Somos nós que as pegamos e continuamos a nos apunhalar enquanto somos tomados pela indignação: "Ele não poderia ter dito isso, feito aquilo". Ou seja, o modo como reagimos às críticas e o tempo que dedicamos a elas é uma questão nossa e não daqueles que nos criticaram.

LAMA MICHEL RINPOCHE

Shantideva dizia: "Ficar com raiva quando alguém nos critica ou fala mal de nós é agirmos como uma criança que fica com raiva quando um castelo de areia cai". Quando construímos um castelo de areia, já sabemos que ele vai cair. É como ficar com raiva porque o Sol se põe. Então, por que temos que ficar com raiva de alguém só porque nos critica? Existe alguma possibilidade de não ser criticado?

BEL

Todos nós sabemos que vivemos num mundo hostil, mas é preciso saber como não cair nas armadilhas da hostilidade alheia. Temos que nos encorajar o tempo todo para não seguir a negatividade, especialmente se estivermos cercados por ela. Lama Gangchen Rinpoche fala que, quando a única mensagem que recebemos dos outros é "não me incomode", precisamos ter um forte refúgio interior, impenetrável às influências alheias. Afinal, por que aceitamos que alguém nos trate mal? Porque duvidamos de nossa própria sanidade mental. Neste sentido, conhecer nossos potenciais, recursos e limitações é a base de nossa segurança interna.

LAMA MICHEL RINPOCHE

Shantideva também dizia: "O que é mais precioso, o que tem maior valor para nós? A nossa paz e equilíbrio interior ou o que os outros pensam de nós?" O nosso equilíbrio e a nossa paz interior! Então, por que os perdemos quando alguém fala mal de nós? Porque damos mais valor ao que o outro pensa do que ao nosso próprio equilíbrio. Aconteça o que acontecer, não há razão para cultivarmos raiva, inveja, ciúmes... Não vale a pena! Quando consideramos que esta vida é muito preciosa para nos desenvolvermos interiormente, não há mais desculpa para ficarmos presos à raiva. Temos um condicionamento para viver assim, mas não queremos mais mantê-lo! Esta é uma verdadeira forma de amor-próprio. O primeiro ponto para amar o próximo é amar a si mesmo de forma correta.

Capítulo 26

Amar a si mesmo

BEL

Por que temos que amar primeiro a nós mesmos? Isso pode parecer óbvio, mas não é.

LAMA MICHEL RINPOCHE

Amar é desejar felicidade. Desejar a própria felicidade é amar a si mesmo. Não conseguimos desejar felicidade para alguém sem antes desejar essa mesma felicidade para nós. A felicidade que desejamos para o outro é um reflexo do que desejamos para nós. Se desejarmos equilíbrio e harmonia, vamos desejar que o outro encontre esse mesmo bem-estar. Se felicidade para nós é ter prazeres e poder, vamos amar o outro desejando o mesmo para ele. Em outras palavras, é ter clareza sobre o que nos faz bem e o que nos faz mal e determinação de abandonar o que nos faz mal e cultivar o que nos faz bem. Isso é amar a si mesmo. Sem a clareza do que é felicidade, teremos dificuldade de entender o amor. Acredito que todo ser humano, por natureza, tem amor-próprio, pois ninguém deseja sofrer. A dificuldade está em saber *como* ser feliz.

BEL

O amor-próprio então é algo instintivo, pois o desejo de todo ser humano é ficar livre de qualquer sofrimento. Neste sentido, amor-próprio nada tem a ver com egoísmo, vaidade, orgulho ou falta de humildade. Mas, em nossa cultura, a ideia de amar a si mesmo está fortemente associada a algo egoísta, feio e impróprio. Por mais que dissermos que amar a nós mesmos é a base para desenvolvermos amor pelos outros, na prática ainda permanece a sensação de que estaremos privilegiando a nós mesmos em detrimento dos outros. A mensagem subliminar de que, para amar os outros, temos que nos colocar em segundo plano está fortemente arraigada. Isso causa uma constante sensação de inadequação cada vez que temos de reconhecer nossas necessidades físicas e psíquicas. Mas, por outro lado, só poderemos nos amar se cuidarmos de nós mesmos.

LAMA MICHEL RINPOCHE

Cuidamos de nós mesmos quando assumimos o real compromisso de cultivar o que nos faz feliz e abandonar o que gera sofrimento. Manter esse compromisso é agir de forma coerente com o nosso desejo mais profundo: ser feliz. Uma mente saudável também abandona o que faz mal aos outros e cultiva o que lhes faz bem. O problema é que, enquanto estivermos presos aos prazeres mundanos e à autoimagem, a forma de amor que vamos ter pelos outros estará totalmente vinculada a isso. Então, dificilmente vamos ter compaixão por uma pessoa que leva uma vida aparentemente boa mas tem uma atitude com a qual não concordamos.

BEL

Realmente, você está falando do Grande Amor e não de um amor superficial.

Capítulo 27

Quando a raiva é passiva

LAMA MICHEL RINPOCHE

Sempre tive pessoas de pavio curto perto de mim. Todas as pessoas com as quais pude ter uma amostra gratuita dos venenos mentais me ajudaram a observar a raiva e a refletir sobre ela. Observei, em mim mesmo, que certos sentimentos que eu pensava não ter estavam lá, mascarados. Raiva, apego, ciúme e arrogância são emoções que sabem muito bem se esconder. Podemos não estar sentindo raiva, mas isso não quer dizer que não a temos.

BEL

Creio que esse *quantum* de raiva mascarado é que nos faz sentir desconfortáveis, tanto com nós mesmos como com os outros. As pessoas que vivem indignadas atraem para si situações de discórdia e confusão.

LAMA MICHEL RINPOCHE

Porque é nas situações adversas que as emoções vêm à tona. Temos que aproveitá-las para nos conhecermos melhor. Há pouco mais de um ano, tive um momento de raiva. Como não estou acostumado com esse sentimento, foi interessante observá-lo. Durou poucos segundos, mas fiquei com dor no peito por algumas horas. Eu já vinha acumulando um certo mal-estar por causa de uma situação desagradável. Na hora em que encarei a pessoa responsável pelo ocorrido, levantei a voz e apontei o dedo para ela, a pouca distância de seu rosto. Naquele momento senti mesmo muita raiva.

Depois saí para andar um pouco e pensei: "Nossa, se um instante de raiva me fez sentir tudo isso, imagina como é ficar sempre com raiva!" O perigo é se acostumar com a tensão da raiva. Isso ficou muito claro para mim naquele momento. Dificilmente acontece de eu sentir raiva, porém não quero permitir que isso torne a acontecer. Nunca mais! Ainda vivo essa situação adversa, mas ela serve para eu me conhecer melhor. Cada vez que dizemos uma palavra violenta, independentemente do fato de estarmos certos ou não, criamos distância do outro.

BEL

Por outro lado, aquele que sempre engole o desaforo também cria distância. Ele é o tipo passivo-agressivo. Ele provoca o agressor com o seu silêncio e falta de iniciativa. Mantendo-se distante não dá chance para uma transformação. Ao permanecer frio e não fazer nada para que haja uma mudança, ele retroalimenta a agressividade alheia. Por isso, a submissão também é uma forma de agressão, pois faz com que o outro se mantenha sempre no papel de agressor.

Cada vez que o submisso diz "tudo bem", sua fala é ambígua, pois é claro que não está tudo bem. Ele não olha nos olhos do agressor para camuflar sua raiva. Isso faz o agressor sentir mais raiva ainda. Por isso, depois da tempestade é preciso se posicionar.

Neste sentido, quanto mais consciência tivermos sobre o que é abusivo, melhor iremos contribuir para que uma relação tenha limites saudáveis. É preciso se expressar com transparência e lógica. Quem está sob a mira da agressão precisa buscar ajuda para ver com mais clareza o que está ocorrendo. Sob pressão, enxerga-se muito pouco.

Lama Gangchen Rinpoche nos fala que não nos damos conta da nossa raiva de tanta certeza que temos de estar com a razão. Isso acontece muito. Mas os outros já perceberam que não estamos bem e afastam-se de nós. Por isso, Rinpoche reforça que precisamos reconhecer as diferentes faces e gestos de nossa mente. Quando não conseguimos abandonar nossa raiva ou irritação, devemos pelo menos não levar mais problemas para os outros. Cada palavra ou gesto que temos num momento de tensão muda totalmente o tom da conversa.

LAMA MICHEL RINPOCHE

Qualquer palavra ou movimento que fizermos gera causas e resultados. Nada fica sem consequências. Nada acontece por nada. Tudo existe porque foram criadas causas e condições para que aquilo fosse assim. Há uma cadeia de fatos que estão acontecendo e, no meio disso, existem centenas de milhares de causas que vão se entrelaçando.

Capítulo 28

Ter força para um novo impulso

LAMA MICHEL RINPOCHE

Nervosismo e raiva são diferentes. Uma coisa é a pessoa ter uma reação negativa por estar nervosa, hipersensível ou preocupada; outra, é quando ela quer destruir ela mesma ou os outros. A raiva é o desejo de que o outro sofra.

BEL

Também é bom diferenciar agressividade de raiva. A agressividade é uma ação assertiva, na qual afirmamos os nossos direitos e os buscamos de forma direta, clara e honesta. Ela demarca limites e gera motivação. Já a raiva é uma expressão reativa frente ao que interfere no nosso desejo, com a intenção de destruí-lo. No senso comum a agressividade é vista como um "descontrole necessário", mas sempre negativo. Em alemão, a palavra *aggressivität* não significa agressividade do ponto de vista destrutivo, mas sim de força e impulso de vida. Trata-se de uma força agressiva sem raiva ou violência. Não sei qual palavra em português expressaria a agressividade como puro potencial de força, como algo que se manifesta a cada início de um novo ciclo de crescimento, assim como no início da primavera. Se você olhar com atenção o botão das flores antes de se abrirem, poderá sentir quanta energia é movida nesse processo.

Uma das coisas que eu aprendi com o Pete[35] é que no inverno, quando parece que o crescimento das plantas está mais lento, debaixo da terra há muita energia sendo produzida. Quando a primavera chega, essa energia vem à tona, com todo o impulso para o novo crescimento.

LAMA MICHEL RINPOCHE

Ter raiva é diferente de dizer certas coisas com firmeza. Para mim é extremamente difícil reagir de uma forma dura, mas há momentos em que é necessário. A melhor maneira de amar é dar o que a pessoa necessita, e isso requer sabedoria. Em geral, o que ela necessita é aquilo que menos quer. Já vi que, certas vezes, o amor é mais eficiente quando se dá um *chacoalhão* em alguém, metaforicamente falando, é claro. Tem vezes que, se não quebramos a cara, não mudamos. Então, alguém precisa dizer: acorda! Um provérbio tibetano explica isso muito bem: "Aquele que diz sempre sim é aquele que não te ama verdadeiramente". Então, a assertividade, conforme você fala, é ter força de criar, vontade de construir. Eu já vi várias situações assim. Um exemplo disso é o 10º Panchen Lama[36]. Foi ele quem oficializou a língua tibetana no Tibete e em vários monastérios depois da ocupação chinesa.

Não tive a honra de conhecê-lo porque ele faleceu em 1989. Nas fotos e vídeos que vi, percebi que ele tinha mesmo muita força. Me contaram que ele se sentava com os grandes ministros da China, batia a mão na mesa e fazia acontecer o que achava certo. Era uma pessoa incrível, tinha o Grande Amor.

---

[35] Peter Webb formou-se na Austrália em Horticultural Science (Ciência da Horticultura) e especializou-se em Permacultura. Trabalha em vários projetos de agrofloresta e cirurgias de árvores. Com Bel Cesar, realiza atividades de Ecopsicologia no Sítio Vida de Clara Luz.

[36] Na escola Gelugpa do budismo tibetano, Panchen Lama é a pessoa que ocupa a mais alta posição depois do Dalai Lama. O 10º Panchen Lama (1938-1989) foi entronado em 1951. Em 1959, depois da fuga do Dalai Lama para a Índia, ele foi indicado como representante do comitê preparatório para a Região Autônoma do Tibete, que seria estabelecida em 1965.

Capítulo 29

Como lidar com a raiva

LAMA MICHEL RINPOCHE

Como eu sempre digo, nunca fale sobre raiva com uma pessoa que está com raiva. Da mesma forma, nunca tente meditar sobre a raiva se estiver com raiva. Não funciona. Já aconteceu algumas vezes de eu dizer para uma pessoa: "Não fique assim, isso faz mal para você…" E qual o resultado? Acabei também virando um objeto de raiva para ela. Quando a raiva está no corpo, ninguém raciocina muito bem. Por isso é preciso esperar a pessoa se acalmar.

BEL

Senti-la aos poucos é muito importante, pois permite que nosso sistema psicofísico libere uma grande carga de energia sem se desequilibrar.

O método Experiência Somática® usa o termo "titulação" para esta descarga gradual. Titular quer dizer ir aos poucos. Esse termo vem da Química, na qual, se colocarmos num tubo de ensaio um produto explosivo de modo bem gradual, em pequenas doses, ele não vai explodir. Então, quando titulamos nossa raiva, quer dizer que lidamos com ela numa intensidade que somos capazes de senti-la sem nos desequilibrar. As técnica de SE®, como é chamada a Experiência Somática, trabalha focalizando as sensações da raiva no corpo. Só que a ênfase não está exclusivamente sobre o que nos faz sentir mal, mas também nos recursos do corpo e da mente que nos fazem sentir bem. São eles que nos ajudam a nos *autossustentar* diante do mal-estar.

Outra etapa deste processo é a *pendulação*: a pessoa irá alterar seu foco entre as sensações desconfortáveis e as confortáveis. No momento em que o desconforto torna-se intenso demais, ela irá se focar onde localizou tranquilidade em seu corpo. É incrível aprender a reconhecer como nosso corpo, mesmo inquieto, ainda assim tem um lugar onde a mente pode descansar. Devido à *pendulação*, o corpo começa a descarregar a energia excessiva da raiva em pequenos tremores, suspiros, bocejos, barulhos no aparelho digestivo, arrepios, lágrimas e risos. Após a descarga surge uma sensação agradável de inteireza. É um processo muito simples, mas profundo. Agora, mais calmos, conseguiremos pensar melhor sobre o que nos fez sentir raiva e como lidar com ela.

Segundo esse método, a raiva deve ser desacoplada do impulso agressivo. Explico melhor. No momento da raiva nosso corpo enrijece os músculos para atacar o agressor. Se este movimento não se completar, porque nos contivemos ou porque apanhamos de um agressor mais forte que nós, o músculo guarda a memória do movimento de ataque inacabado. Há uma resposta física que ficou incompleta. Com a técnica da Experiência Somática® criamos a oportunidade de o corpo completar esse movimento por meio de uma ação espontânea, porém lenta e gradual.

LAMA MICHEL RINPOCHE

É importante esse trabalho, mas também temos de reconhecer o que não está certo e nos propormos a mudar. A raiva nos prende ao problema. É como ter na boca uma coisa de gosto ruim e, em vez de cuspir, ficar mastigando e reclamando.

BEL

Verdade. Outra coisa: quando uma pessoa está alterada, é muito bom ter por perto alguém que a ajude a suportar o desconforto da raiva. Ter uma pessoa ao nosso lado em silêncio, equilibrada, regula nosso sistema psicofísico mesmo que não percebamos. Ela nos ajuda a não nos descontrolarmos, simplesmente por estar totalmente presente ao nosso lado. Aliás, eu me lembro de uma ocasião em que você tinha uns oito anos e saiu da escola sem avisar ninguém. Fiquei desesperada, procurando por você, e já estava fazendo um escândalo com os professores. Como deixaram uma criança sair? Como não se deram conta? Enfim, cheguei em casa e encontrei você tranquilo, contando que havia voltado a pé porque não queria ficar esperando eu chegar. Bem, comecei a gritar, descontrolada: "Você não pode fazer isso! Fiquei assustada por não te encontrar etc, etc…" Eu me lembro muito bem da sua expressão, como se dissesse: "Mãe, você está muito mal. Eu não queria causar tudo isso. Você não está nada bem". Fiquei tocada pelo seu olhar compassivo e acabei chorando. Então você me acalmou, contou que viu a porta aberta e saiu, mas não pensou que ia dar problema. Você me ajudou a falar dos meus medos e não disse uma palavra enquanto eu não me acalmei. Foi mesmo um ato de compaixão.

LAMA MICHEL RINPOCHE

Não me lembrava dessa história…

Capítulo 30

Como lidar com o descontrole alheio

BEL

Muitas vezes temos que lidar com sentimentos paradoxais. Queremos e não queremos estar numa situação. Segundo o psicanalista Winnicott,[37] nossa capacidade de tolerar conflitos está baseada no modo como aprendemos a suportar sentimentos ambivalentes de amor e ódio, de desejo e temor, quando éramos crianças. Se pudermos sentir raiva e frustração sem medo de ser punidos, julgados ou abandonados por aqueles que cuidavam de nós, ganhamos confiança e podemos atravessar essa dor sem precisar destruir ou ser destruído pela raiva. Se nossos pais souberam relevar o que dizíamos em nossos ataques de raiva e não desistiram de nós porque estávamos sendo inadequados, aprendemos que a raiva não destrói o outro tanto quanto tememos. Desta forma, passamos a aceitar sentimentos desagradáveis sem precisar projetá-los com violência no meio externo. Quando uma pessoa começa a suportar frustrações, ela não precisa mais do outro para descarregar sua dor. Aprendemos a ter paciência com nossas emoções. Mas como lidar com o descontrole alheio? Para ficar bem, temos que resolver a situação por nós mesmos, sem a expectativa de que o outro repare o dano que nos causou?

---

[37] O psicanalista e psiquiatra inglês Donald W. Winnicott (1896-1971) desenvolveu um intenso trabalho em dois hospitais psiquiátricos londrinos, onde atendeu a crianças durante quase quatro décadas. Winnicott elaborou uma teoria centrada na díade mãe-filho, que engloba essa relação e suas consequências no desenvolvimento infantil desde os primeiros momentos de vida.

LAMA MICHEL RINPOCHE
Independentemente da situação em estamos vivendo, é importante não termos a expectativa de que o outro mude, mas sim colocar na balança as nossas escolhas: vamos continuar nesta situação ou sair dela? Nosso bem-estar não pode depender da mudança do outro, mas sim de nossas próprias atitudes. O quanto alguém pode nos ferir depende também da nossa capacidade de não perder o controle. Se não temos força para lidar com uma situação, é melhor criarmos distância e nos fortalecermos.

BEL
Criar distância é uma forma de clarear a nossa percepção sem nenhuma pressão externa, sem o disse que disse que cada um enfatiza a seu favor diante de um conflito. Significa abrir mão de controlar o outro, da esperança de que podemos organizar suas ideias. Se através do diálogo não houve acordo, o melhor a fazer é distanciar-nos para criar outro modo de entendimento.

LAMA MICHEL RINPOCHE
Eu já passei por situações em que tive que ser bem flexível para criar a distância necessária entre mim e outra pessoa. Numa das vezes, a proximidade não fazia bem para nenhum dos dois, ninguém tinha a capacidade de conviver em harmonia naquele momento. Quando isso ocorre só se cria mais atritos e conflitos. Então a distância é a escolha mais saudável.

Lá na Índia, convivi com uma pessoa que me deu muitas coisas boas. Até que, de repente, ela se comportou de um jeito muito errado, de certa forma até violento. Não preciso contar a história toda. No momento em que ela começou a agir de uma forma nada legal, eu também não estava em condições de fazer alguma coisa para mudá-la. Logo que pude criei distância, mas continuo a ter gratidão por tudo o que recebi.

Não é porque alguém agiu de uma maneira que não fez bem nem para mim nem para ela que eu vou colocar tudo no mesmo saco e deixar de sentir gratidão por tudo de bom que recebi. Sinto gratidão pelo que ela me deu, pelo que fez de bom, e se puder vou retribuir. No caso, o melhor foi criar uma certa distância para tentar rever os fatos de outra maneira, mudar as peças de lugar e pensar se dá para ser diferente. Se não der, tudo bem, a distância é a escolha mais saudável.

BEL
Isso é ter flexibilidade emocional?

LAMA MICHEL RINPOCHE
Ter flexibilidade emocional é reconhecer que não precisamos permanecer fixos, agarrados a uma emoção, achando que o outro tem que nos entender e se adaptar a nós. Não só podemos como devemos dar um tempo para que as coisas mudem. É importante aceitar as mudanças e também direcioná-las. A escolha existe.

BEL
O que você está dizendo é que não podemos mudar uma situação ou uma pessoa, mas sim nosso modo de lidar com elas.

LAMA MICHEL RINPOCHE
Sim. Se virmos que falta consciência e equilíbrio numa pessoa, como podemos esperar que ela tenha capacidade de perceber os outros? Quando alguém machuca os que estão à sua volta, é por pura ignorância. Esta é a causa primária de sua violência.

BEL
A atitude, então, é colocar energia no que podemos fazer e não na expectativa do que o outro deveria estar fazendo. Agir assim é praticamente o contrário do que estamos habituados. Por isso digo que praticar o budismo é o mesmo que nadar contra a correnteza.

LAMA MICHEL RINPOCHE

É verdade, porque o esforço deve ser colocado em ter atitudes que não estamos acostumados, seja pela nossa cultura, seja por hábitos profundos. Em poucas palavras, quando analisamos o objeto e o próprio sentimento da raiva, concluímos que o melhor a fazer é desenvolver nossas próprias qualidades para lidar com ela. Podemos hoje não ser capazes, mas podemos também nos determinar a ser. O ponto é entendermos que o objeto de raiva não existe tão solidamente como nos parece e que o sofrimento que estamos vivendo é causado por várias condições, além da pessoa que está à nossa frente.

Capítulo 31

Ainda que os outros nos tratem mal, podemos nos tratar bem

BEL

Quando há só ataque e não há receptividade não há como conversar. Nesses momentos é melhor pensar e, se possível, dizer: "Esta discussão não tem senso, portanto, desta forma não temos o que falar. A situação já está ruim, discutir só vai piorar. Quando conseguirmos achar soluções para esta situação melhorar, voltamos a conversar." É importante não deixar este conflito passar em branco, mas encontrar logo um modo de esclarecer o ocorrido. Assim, não nos desconectamos da intenção de encontrar uma solução para ele.

Uma artimanha utilizada por quem tem um comportamento perverso é recusar uma comunicação direta. Não deixar claro o que sente, nem o que quer. Mas continuar dando indiretas hostis, deixando a vítima sem entender o que está, de fato, acontecendo. Ela, como não sabe o que o incomoda, não acerta nunca. Este padrão de comunicação é destrutivo. Por isso, se estivermos num relacionamento em que nos pegamos falando sozinhos, é melhor parar e perguntar-se se vale a pena ajustar-se a tal comportamento. Provavelmente, quem trata mal o outro não está receptivo a conversas, pois isso significaria o fim do conflito, que o impediria de extravasar a sua agressão. Por isso, em vez de nos lamentarmos, dizendo "me solta!", podemos reagir e pensar: "Eu me libero da necessidade de ser liberada por você. Eu te solto!"

É importante levar em conta os custos e benefícios de tal relacionamento. Primeiro é preciso nos tornarmos conscientes das atitudes que sustentam a agressividade. Depois, passo a passo, mudar esses padrões. Aos poucos, vamos superar a crença de que estamos numa posição sem saída.

Lama Zopa Rinpoche nos disse certa vez: "Você pode ter o *karma* de estar na floresta Amazônica sendo picado por insetos, mas assim mesmo pode se levantar e ir embora!" Ainda que os outros nos tratem mal, podemos nos tratar bem!

LAMA MICHEL RINPOCHE

Quando temos interferências diante de situações positivas, não devemos hesitar, temos que seguir em frente e superá-las. Mas quando as interferências aparecem diante de situações negativas, é importante saber parar e cair fora.

BEL

Saber a hora de cair fora é muito importante. Certa vez Rinpoche nos disse: "Só enfrente um inimigo quando você estiver mais forte que ele. Enquanto isso, continue se fortalecendo." Ou seja, não caímos fora porque somos covardes, mas porque precisamos nos fortalecer diante de uma situação que é maior do que nossa capacidade de lidar com ela.

LAMA MICHEL RINPOCHE

Enquanto não temos a força que precisamos para sair de uma situação, devemos colocar a nossa energia naquilo que nos fortalece, que nos traz um certo nível de satisfação, independentemente de o outro ou a situação mudar.

BEL

A simples decisão de criarmos ilhas de bem-estar é o primeiro passo para deixarmos de ser reféns diante do que nos oprime. Assim, já começamos a fazer algo por nós.

Lama Gangchen Rinpoche costuma nos dizer que a natureza positiva da mente é como o espaço infinito, mas ela diminui com a presença de pensamentos negativos. Se quisermos nos sentir bem, teremos que cultivar pensamentos positivos para relaxar em nosso confortável espaço interior.

Capítulo 32

Ansiedade de amar

BEL

Algumas pessoas se encantam pela atração que alguém tem por elas a ponto de pensarem que estão apaixonadas. Na verdade, elas não amam, esperam apenas ser desejadas. O que você pensa disso?

LAMA MICHEL RINPOCHE

Temos um grande apego à nossa imagem. No momento em que alguém nos diz que somos bonitos, legais, isso e aquilo, acabamos nos atraindo por esse reconhecimento. É normal, é o básico do básico. Temos que tomar cuidado com isso, pois se não tivermos clareza desse jogo de sedução no qual nos encontramos, ficamos dependentes da condição de ser desejado para ter bem-estar interno. Isso acaba criando um vazio interior. Quem não sabe amar a si mesmo e amar ao outro anda sem rumo nessa busca infinita. Inúmeras vezes sentimos o poder do amor e o quanto nos faz bem, porque a verdadeira beleza é amar. Só que, em vez de abrir o coração, retornamos à busca insistente de sermos amados.

BEL

Noto também que a ansiedade de amar e ser amado é tão grande que, quando os casais se apaixonam, buscam viver esse primeiro impulso do amor com muita intensidade. É verdade que essa experiência gera muito prazer, mas também causa ansiedade.

O que ocorre é que a experiência de amar, no sentido de ver o outro feliz, fica em segundo plano. O prazer está em alta! Confundimos ter prazer com amar. Quando a intensidade diminui, a paixão torna-se uma experiência passageira. O medo de que este prazer possa logo acabar, torna a paixão inicial uma corrida acelerada para amar. Exageramos as emoções como defesa contra o medo de que aquilo acabe. Temos urgência de senti-las porque sabemos que podem terminar. O impulso de ir em direção ao momento seguinte é maior do que o tempo necessário para a experiência ser interiorizada. Sem interiorizar, não temos memória. Sem memória, não aprendemos com a experiência. Sem aprendizado, não damos valor ao vivido. Sem valor, nos sentimos vazios e carentes. E assim caímos no ciclo de sair em busca de algo que nos falta em vez de nos sentirmos preenchidos pelas vivências positivas já vividas. Primeiro dizemos que amamos, mas, assim que o outro nos frustra, desistimos de amá-lo. Há um desencantamento tão rápido que os relacionamentos terminam mesmo antes de começar.

LAMA MICHEL RINPOCHE

Uma das razões principais de isso acontecer é porque as pessoas vivem a ilusão de que é possível viver sem sofrimento. Temos que lembrar que vivemos numa geração que não passou por nenhum sofrimento coletivo como as gerações que viveram a Primeira e a Segunda Guerra Mundial. Mesmo com todos os problemas atuais, existe a ilusão de que é possível ser feliz, que tudo ficará ótimo se criarmos as condições corretas. Quando uma coisa não vai bem, é porque algo está errado. Já ouvi muitas pessoas falarem que querem sair de uma situação para não sofrer. O medo profundo de sofrer as leva a fugirem de qualquer situação relacionada a algum tipo de sofrimento. Só que assim ninguém consegue sustentar nada. Inevitavelmente, vamos sempre sofrer enquanto tivermos venenos mentais. Então, uma das coisas importantes é aceitar o sofrimento, dizer a si mesmo: "Muito bem, estou sofrendo. Esse não é o problema. Problema é alimentar as causas do sofrimento."

Se continuarmos a projetar a causa de nossos problemas nas situações externas, ficaremos dependentes do que ocorre fora de nós para nos sentirmos bem. Por isso quando começarmos a nos sentir desconfortáveis numa situação difícil, devemos, em vez de logo cair fora, pensar: "Ok. Faz parte, vamos lá, quem sabe com um pouco mais de tempo esta fase difícil vai passar." Outras vezes, pode-se cair no extremo oposto que é ficar na situação achando que tem mesmo que sofrer e não pode mudar nada. Isso está errado.

Capítulo 33

Quando duas pessoas ficam perto demais, em algum momento um conflito irá surgir

BEL

Quando interpretamos a realidade, nos enroscamos a tal ponto que depois não sabemos mais o que é ou não criação da nossa mente. Agimos naturalmente, sem pensar que podemos estar enganados. Isso ocorre muito mais do que nos damos conta. Se quisermos ser compreendidos, precisamos dizer claramente o que queremos e não criar a expectativa de que o outro entenda nossas intenções ocultas.

LAMA MICHEL RINPOCHE

No monastério isso foi um grande treino para mim. Na cultura tibetana, não se diz nada na cara. Eu sempre dizia para os meus amigos: "Se você quiser me dizer algo, me diga a coisa como é. Não venha me dizer *a* para que eu entenda *b*, porque eu vou entender *z*." Isso é cultural. Com o tempo aprendi como agir, mas pessoalmente, prefiro ir direto ao ponto. Como posso saber de que forma você vai interpretar as palavras que eu estou dizendo? Isso não é possível. É importante termos transparência com os outros e com nós mesmos.

Harmonia entre as pessoas é a coisa mais difícil, pois cada um tem os seus venenos mentais. No momento em que você coloca um número de pessoas juntas, vai haver ciúme, inveja etc. Quando um fica bem, o outro fica mal e assim vai. Eu já tive a oportunidade de viver em situações e lugares completamente diferentes.

Pude observar como funciona desde uma empresa, um Centro de Dharma ou um Monastério na Índia ou no Tibete. A realidade é que não existe nenhum lugar que eu tenha visto até hoje onde tudo ocorra perfeitamente bem. Podemos pensar que, nos monastérios, todas as pessoas querem praticar o budismo. Sim, muito bem dito, *querem*. Querer, praticar e realizar são três coisas bem diferentes. Entender que problemas existem e sempre vão existir tira um peso enorme de nossa vida. Além do sofrimento da situação adversa, existe o sofrimento pela desilusão de que aquilo não é como achávamos que deveria ser. Com pessoas que temos ótimo relacionamento também um dia pode acontecer alguma coisa e acabarmos brigando.

Guen Lagpa, que foi como um pai para mim no monastério, me ensinou a não ter a ilusão de que duas pessoas nunca vão brigar por melhor que seja o relacionamento. Nós morávamos juntos, mas cada um cozinhava para si e comia sozinho. Um dia falei para ele: "Guen, você cozinha e eu também. Cozinhamos mais ou menos o mesmo tipo de comida, então, por que não fazemos assim: um dia eu cozinho, outro dia você cozinha, e comemos juntos?" Ele disse: "Não". Como era uma pessoa doce, mas de poucas palavras, eu só respondi: "Tá bom". Depois de alguns dias, voltei a lhe propor a mesma ideia e ele continuou a dizer não. Daí eu falei: "Eu aceito o não, mas me fala por quê". Depois de certa insistência da minha parte ele disse: "Eu vou te explicar a razão pela qual nós não vamos cozinhar juntos. Nós nos damos bem, não é? Tem algum problema entre nós? Não. Exatamente por isso é que não vamos cozinhar juntos. Para que mexer no que está funcionando? Quando duas pessoas ficam perto demais, em algum momento um conflito irá surgir." Esse foi um ensinamento importante. Depois concluiu: "Se for necessário, um dia cozinhamos juntos. Uma vez ou outra não tem problema nenhum. É a sabedoria de saber os limites das coisas."

Capítulo 34

Respeitar nossos limites

BEL

O processo de abrir-se para o outro é complexo. Cada um passa por ele de acordo com sua história pessoal e as condições do momento presente. Ao mesmo tempo em que desejamos estar prontos para amar, aprendemos que não podemos rejeitar as emoções dolorosas, pois elas fazem parte do processo de amadurecimento. Dura verdade. Muitas vezes achamos que somos infantis demais para amar. Quer dizer, achamos que o outro merece mais amor do que podemos oferecer.

LAMA MICHEL RINPOCHE

Certas vezes acabamos sentindo culpa por não ter sido aquilo que acreditávamos que deveríamos ser. Então dizemos: "Eu te amo, mas você merece coisa melhor. Você não merece o meu amor porque ele não é tão puro, eu não sou tão bom assim, você é muito melhor do que eu." Nos jogamos para baixo. Temos que reconhecer nosso próprio espaço, respeitar nossos limites. Mas não esquecer de nosso potencial de crescimento. A mente segue o direcionamento que damos a ela.

Quando falamos em abrir o coração, é preciso primeiro respeitar a lei de causa e efeito, a lei do *karma*. Ninguém pode vivenciar alguma coisa sem ter criado causas para isso.

Já não aconteceu de tentarmos ajudar alguém e, no final, pioramos a situação? Eu já passei por isso. E o que acontece depois? Sentimos que somos culpados, porque não conseguimos ajudar como gostaríamos. Pensamos: "Olha só o que eu criei! Ah, mas se eu soubesse antes, teria feito diferente." É claro! Se soubéssemos o que iria acontecer e, ainda assim, tivéssemos agido da mesma maneira, a situação seria complicada. Porque ignorar é não ver. Eu, na minha ignorância, pensei que aquilo fosse o melhor. Afinal, eu a amava, ainda a amo e fiz tudo de coração aberto. Já passei por situações parecidas e uma coisa aprendi: em certas ocasiões, dar mais é igual a dar menos.

BEL

É comum nos questionarmos se fomos suficientemente bons com nossos filhos e com as pessoas que amamos. Mesmo sendo óbvio que sim, carregamos uma certa culpa quando nos autocriticamos de que poderíamos ter feito mais.

LAMA MICHEL RINPOCHE

A coisa mais louca é alguém se sentir culpado por aquilo que é. Como assim?! Não tem lógica. Posso ter a aspiração de ser melhor, manter meu compromisso de agir a cada dia para abandonar aquilo que me faz mal e cultivar aquilo que me faz bem. Porém, eu amo com aquilo que eu sou, dou o melhor de mim, coloco o meu coração em minhas ações, tanto minha sabedoria como minha ignorância.

Se oferecemos tudo o que temos, não há por que se cobrar. Por exemplo, você não tem comida e eu te dou tudo o tenho, mas como você não sabe gerenciar o que estou te dando, daqui a pouco estaremos os dois com fome, tendo que pedir ajuda. O problema é que normalmente, quando abrimos o coração para alguém, ultrapassamos nossos limites. Não respeitamos nosso potencial, qualidades e defeitos. Temos que respeitar nossos limites a cada momento, senão iremos sempre nos machucar.

O mesmo acontece quando ajudamos uma pessoa doente, e nos sacrificamos. Assim também iremos adoecer. É importante respeitar nossos limites, tanto físicos, como emocionais e espirituais. É preciso saber parar para relaxar, meditar, dar uma volta ou conversar com alguém de quem gostamos. Precisamos ter espaço, caso contrário, vamos começar a sentir aversão. Quando chegamos ao ponto de estar presentes só por obrigação, o outro sente isso. Mas não é por falta de amor, apenas por falta de espaço.

BEL

Para quem é sensível e inseguro, qualquer sinal de rejeição, como a indisponibilidade alheia por falta de espaço ou cansaço, é visto como uma ameaça de que o amor do outro acabou. À medida que deixamos de confundir as limitações passageiras com a capacidade afetiva, passamos a confiar que o amor não é tão frágil quanto as alterações de humor.

Capítulo 35

Se quisermos nos comunicar teremos que mostrar nossa realidade através da realidade do outro

BEL

Podemos ter dificuldade de expressar nosso amor, mas isso não quer dizer que não o sentimos. Este é um sofrimento tanto para quem ama quanto para aquele que aguarda esse amor ser revelado. Não me refiro apenas ao amor entre casais, mas entre pais e filhos. Aliás, aprendemos a expressar o amor com nossos pais. Se isto não ocorreu, teremos mais dificuldade de fazê-lo quando adultos. Quem teve uma educação mais formal, aprendeu a não ser aberto e transparente com os pais, pois a expectativa de cumprir o papel de filhos ideais era muito grande para decepcioná-los.

Quando convivemos com quem que não expressa afeto, há uma sensação de estar perto de surdos-mudos, como um grito sem eco, um espaço vazio sem nome. Pude compreender melhor essas pessoas quando entendi que elas sofrem de alexitimia.[38]

---

[38] O conceito de alexitimia foi formulado pelo psicanalista francês Pierre Marty, na década de 1960, a partir de observações clínicas em pacientes psicossomáticos. Em meados de 1970, John Nemiah e Peter Sifneos, analistas norte-americanos radicados em Boston, notaram que muitos pacientes psicossomáticos mostravam grande dificuldade para falar sobre o que se passava em seu interior. A palavra *alexitimia* é de origem grega (*a*, ausência; *lexis*, palavra; e *timia*, emoção) e significa, portanto, dificuldade para expressar ou descrever emoções através da palavra.

Os alexitímicos não têm palavras para seus sentimentos. São emocionalmente analfabetos. Isso não quer dizer que não sintam amor e compaixão ou que sejam pessoas frias e superficiais. Elas simplesmente não expressam o que sentem porque lhes falta o *verbo*. O alexitímico costuma relacionar suas sensações físicas aos seus sentimentos. Por exemplo, após sofrer um estresse emocional, ele irá reclamar de dor de cabeça ou cansaço, mas não saberá relatar o que está sentindo. Conviver com pessoas assim é um grande aprendizado para desenvolver a compaixão, porque teremos que gerar uma comunicação sintonizada além das palavras. Do lado de alguém assim, vive-se uma certa solidão. Para os alexitímicos, pessoas que falam sobre seus sentimentos complicam demais as coisas. Nesse sentido, conviver com um alexitímico pode ajudar quem é muito sensível a ver a vida de modo mais simples.

Como já conversamos, a compaixão nos leva a aceitar a pessoa como ela é. Aprendemos a nos abrir sem julgar. Esta é a chave para conviver bem com alexitímicos: amá-los sem adivinhar o que sentem e não dizem.

Interpretar o que os outros supostamente estão sentindo decorre de nossos hábitos mentais. O outro torna-se um espelho de nossos medos e dúvidas. Criamos monólogos cheios de julgamentos e reatividade. É uma loucura!

Certa vez vivi um relacionamento muito difícil. Em alguns momentos, o coração do meu companheiro estava aberto e, em outros, fechado. Perguntei ao Rinpoche o que fazer. Ele disse: "Quem manda no seu coração? Se seu companheiro está com o coração fechado, mantenha o seu aberto! Só assim a energia trabalha positivamente, mudando as coisas para melhor."[39]

---

[39] CESAR, Bel. *Oráculo I Lung Ten* (compilação). São Paulo: Gaia, 2003. p. 108.

Lama Michel Rinpoche

Se quisermos nos comunicar com uma pessoa teremos que mostrar nossa realidade através da realidade dela. Vamos ter que conhecer a sua linguagem, ver a realidade através de seus olhos. Essa é uma forma de amar com respeito. "Eu te respeito pelo que você é, com suas qualidades e defeitos." Não existe ninguém que não tenha uma frestinha por onde entrar e ajudá-lo. Porém, temos que ter a curiosidade de conhecer essa fresta, saber onde está a fechadura e ter a chave correta. É aqui que entra a necessidade de desenvolver o caminho do Bodhisattva, aquele que deseja profundamente desenvolver as próprias qualidades como a única forma de ajudar aos outros. Quando abrimos nosso coração verdadeiramente, o amor que oferecemos dá uma volta e retorna para nós como uma alavanca que nos dá força para continuarmos a nos desenvolver. Nesse momento, dar e receber torna-se uma só coisa.

Capítulo 36

Não existe relacionamento saudável sem troca

Lama Michel Rinpoche

A troca é um ponto essencial num relacionamento saudável. Eu lhe dou algo e você me dá algo. Sempre. Um relacionamento é saudável quando eu estou feliz por aquilo que eu dou e recebo. Quando começo a achar que eu estou dando mais ou recebendo menos do que deveria, o relacionamento já não é mais saudável.

Isso ocorre em todas as formas de relacionamento: pais e filhos, irmãos, amigos, namorados, marido e mulher, chefe e empregado, mestre e discípulo. Não podemos cuidar da parte do outro. Não posso saber o que o outro acha que ele deveria receber ou não. Eu só posso fazer a minha parte, saber onde colocar o meu esforço para transformar alguma coisa.

Bel

Como costumo dizer, "eu, de mim, sei". Então, a clareza de minhas escolhas, desejos e necessidades me orienta no meu caminho. Mas, se espero que o outro decida por mim, ficarei dependente dele. É difícil perceber o quanto somos dependentes do outro. Nos tornamos dependentes quando nos sujeitamos aos mando alheios sem nos perguntarmos o que realmente queremos.

Muitas vezes delegamos nossas decisões aos outros porque tememos desagradá-los. Agradar o outro a qualquer custo faz com que
nossos desejos e necessidades não sejam vistos. Podemos nos auto-
pressionar a ponto de corresponder às expectativas alheias, como se
fossem ordens inquestionáveis. Por isso, temos que saber separar a
nossa vontade da vontade alheia. Quando aprendemos a fazer isso,
nossos relacionamentos tornam-se saudáveis.

LAMA MICHEL RINPOCHE

Na maioria das vezes temos mais consciência daquilo que damos do
que daquilo que recebemos. Por isso, achamos que damos mais do
que recebemos, o que necessariamente não é verdade. Temos que
parar e reavaliar.

Será que estou dando mais ou recebendo menos? A troca não tem
que ser necessariamente material. O importante é ser sincera. Mas o
que ocorre? No início eu digo que te amo e preciso de você para ser
feliz. Faço de tudo, entro em campanha e ganho.

No começo é uma campanha. Vou ser mais gentil do que sou normalmente, mais generoso, mostrar qualidades que talvez não tenha,
pelo menos completamente, e uma vez que consegui conquistar o
meu objeto de desejo a história é outra. A campanha acabou. O que
acontece nas relações desse tipo é que não conseguimos manter as
promessas. Aí as coisas complicam, surgem os conflitos e não é fácil
sustentar todo o empenho do início.

Acredito muito na importância de sermos verdadeiros e sinceros,
se quisermos um relacionamento longo. Senão será difícil manter a
imagem do início, explicar que não somos daquele jeito que demons-
tramos ser, porque o outro vai se sentir traído, abalado. No primeiro
momento conseguimos o que queríamos e ficamos felizes. Passados
seis meses, um ano, dez anos, o tempo que for, ainda possuímos o
objeto de desejo, porém já não sentimos mais a mesma satisfação.

Nossa mente se acostuma com as coisas. No começo de um relacionamento, quando ainda não conhecemos bem a pessoa, ela nos dá um sorriso e uau!!! Depois de receber esse sorriso por seis meses... "Você sorriu mas não me deu um beijo! Cadê o beijo?" Nem reconhecemos mais seus sorrisos. Sorrir agora é óbvio. No momento em que deixamos de dar valor àquilo que recebemos, passamos a querer mais e mais. Imagine o que acontece quando isso vem dos dois lados! Eu passo a querer mais de você e você a querer mais de mim, até o ponto em que um não consegue mais agradar o outro. Então chega a hora de ir embora, procurar outras pessoas que nos deem o que queremos.

Capítulo 37

A generosidade de receber

BEL

Se não tolerarmos pequenas frustrações, não vamos conseguir nos dedicar aos outros. Certa vez perguntei a Lama Gangchen Rinpoche se não haveria também a generosidade de receber. "Sim!", exclamou. "Dar e receber é algo que aprendemos com o estilo de vida da sociedade na qual fomos educados. Noto que, na sociedade moderna, as pessoas costumam desconfiar quando recebem algo sem uma razão aparente. Por exemplo, se um estranho lhes oferece uma coisa na rua, elas imediatamente rejeitam."

LAMA MICHEL RINPOCHE

Certas pessoas adoram dar mas não gostam de receber. Já me aconteceu de receber coisas que eu não tinha a menor ideia do que fazer com elas. Mas quando são dadas com tanto carinho, nós simplesmente a aceitamos. Uma vez um criador de coelhos veio todo feliz me oferecer um coelho. Eu disse: "Olha, eu aceito o seu presente, mas vou pedir para você cuidar dele para mim, pois não tenho onde colocá-lo". Enfim, com exceção daquilo que não temos como cuidar, devemos aceitar os presentes que nos oferecem.

BEL

Lama Gangchen Rinpoche comentou que uma das diferenças entre as culturas ocidental e oriental é que no Oriente aprende-se a valorizar tudo que se recebe, sem considerar seu tamanho ou valor.

Ele observou que, quando recebemos algo que não valorizamos, logo passamos o presente adiante. Em outras palavras, menosprezamos o que nos foi dado em vez de nos sentirmos gratos.

Muitas vezes dizemos "obrigado", mas internamente vivenciamos pouco o sentimento de gratidão. Rinpoche nos conta que, no monastério, quando os monges realizam uma cerimônia a pedido de uma pessoa, eles recebem num determinado momento uma oferenda em dinheiro, mas nem olham para ela e continuam rezando. Para nós, ocidentais, essa atitude pode parecer estranha. Internamente, eles estão muito gratos pela oportunidade de realizar a cerimônia. No final da meditação, dedicam a todos os seres a energia positiva acumulada por meio de suas rezas e do patrocinador. De fato, no Ocidente, consideramos falta de educação, arrogância e até ingratidão não agradecer. Ironicamente, quando alguém vem nos agradecer alguma coisa, costumamos responder: "Imagine, não foi nada, foi um prazer". Há uma certa formalidade nesta resposta. Nos sentimos pouco à vontade diante do tão esperado reconhecimento externo. Creio que isso ocorre justamente porque nos foi dito, desde criança, que a verdadeira generosidade consiste em dar sem esperar nada em troca. É como se tivéssemos que desconsiderar qualquer movimento do outro em nossa direção. Então, nos bloqueamos até para ouvir "obrigado".

LAMA MICHEL RINPOCHE

O que conta no ato da generosidade não é a quantia, mas o valor daquilo tanto para a pessoa que dá quanto para aquela que recebe. Quer dizer do quanto eu possuo e do quanto o outro precisa. Por exemplo, dez reais é muito para certas pessoas e nada para outras. A forma como usamos o dinheiro expressa como direcionamos nossa energia.

A base da generosidade é o amor sincero. Quando falamos sobre o amor, nos referimos a algo profundo e maduro.

Capítulo 38

Objetivos altos, expectativas baixas e esforço contínuo

BEL

Expectativas exageradas sempre geram frustração. O pior é que repetidas experiências de derrota ou privação desencadeiam um processo mental autodestrutivo baseado em generalizações e conclusões apressadas: "É *sempre* assim comigo, *nunca* dou sorte" ou "Nem adianta tentar, não vai dar certo mesmo". Por isso, a primeira coisa a fazer para sair deste ciclo vicioso é deixar de exagerar, seja sobre o que pensamos de nós seja dos outros. Quando atribuímos qualidades exageradas às pessoas ou às situações estamos nos fechando para a percepção da realidade. É como olhar o mundo apenas a partir de nossos desejos e negar as informações que ele nos oferece. É bom ser otimista mas, melhor ainda, ser realista.

LAMA MICHEL RINPOCHE

Como costumo dizer, é bom ter objetivos altos, expectativas baixas e esforço contínuo. Se tivermos uma expectativa muito alta, vamos cair do cavalo. Mas, se nossa expectativa for baixa, o que conseguirmos além dela nos trará força e alegria.

Certa vez Lama Gangchen Rinpoche me contou que quis retribuir sua gratidão à família tibetana na Índia que o ajudou quando ele chegou do Tibete. Eles lhe deram tudo: casa, comida e proteção.

Tinham uma irmã que havia se perdido há trinta anos quando veio sozinha para a Índia. Imagina o que significa procurar uma pessoa na Índia sem fazer a mínima ideia de onde ela possa estar. Rinpoche estava decidido a encontrá-la. Primeiro, distribuiu milhares de cópias de uma carta contando a história. Não deu em nada. Depois, ele viajou por muito tempo procurando-a. Até que a encontrou numa casa de prostituição em Bombaim. Como agradecimento por tê-la achado, a família presenteou Rinpoche e seu atendente com um par de cobertores. O atendente ficou indignado: "Mas, como assim?! Se tivessem pagado alguém para fazer isso teria custado tão caro!" Mas Rinpoche estava feliz da vida porque sua expectativa era a de não receber nada. Ele disse que, naquela época, um cobertor era muita coisa. Então, ficou muito agradecido. Por quê? Porque tinha uma expectativa baixa.

Quando criamos expectativas, quantas vezes conseguimos satisfazê-las? Mais raro ainda é conseguir algo que vá além delas. Enquanto não soubermos o que vai acontecer, precisaremos manter esforço constante para que isso ocorra.

BEL
O esforço vem do valor que damos àquilo que estamos fazendo. Neste caso, Rinpoche deu todo seu tempo para achá-la. Sua dedicação é um exemplo de perseverança e gratidão.

Capítulo 39

Precisamos atualizar a imagem que temos de nós mesmos e fazer o mesmo com os outros

LAMA MICHEL RINPOCHE

Sempre nos relacionamos por imagens mentais. Toda pessoa se relaciona com os objetos de acordo com o conhecimento prévio que tem deles. Por exemplo, se eu der um celular de presente a uma pessoa que nunca viu um antes na vida, ela pode achar que é um porta-copos. Está certa ou errada? Nem uma coisa nem outra. Não tem nada de errado no que ela faz porque o celular pode perfeitamente exercer a função de um porta-copos. Cada vez que entramos em contato com um objeto, acionamos uma imagem mental que contém todas as experiências vividas com algo semelhante no passado.

BEL

É verdade. Para a Neurociência, uma imagem mental é formada pela somatória de experiências conscientes e não conscientes. Experiências semelhantes não conscientes têm um grande poder sobre nós, pois estão gravadas em nossa memória de modo implícito, quer dizer, apenas como sensações. Nós temos basicamente dois tipos de memória: a *explícita*, que envolve as lembranças de fatos e eventos; e uma memória *implícita*, que contém todos os registros sensoriais, hábitos e habilidades mentais, emocionais e motoras armazenadas na mente de forma não consciente. Durante a gestação até os primeiros dezoito meses de vida, registramos nossas experiências apenas na memória implícita.

A memória explícita começa a surgir e se tornar observável no segundo ano de vida. Tudo o que vivemos até então, desde a gestação, fica guardado em nós como experiências sem lembranças ou pensamentos. Temos apenas a memória da sensação, mas não sabemos do que se trata. São condicionamentos sem razão aparente. Por exemplo, diante de um determinado perfume, nos sentimos tristes. Não nos lembramos de nenhuma causa, mas a sensação de um certo tipo de nostalgia nos parece bem familiar. É na memória implícita que estão arquivados nossos hábitos mentais, tanto positivos como destrutivos.

LAMA MICHEL RINPOCHE
Outro problema é que fazemos grande confusão dentro de nós mesmos achando que a imagem mental é o objeto em si. Com isso, não nos relacionamos diretamente com o objeto que está à nossa frente, mas sim com a imagem mental que projetamos nele.

BEL
A princípio, escutar isso pode dar a impressão de que não temos uma relação direta com a realidade, que é tudo projeção da mente.

LAMA MICHEL RINPOCHE
Não é bem assim. O fato é que percebemos a realidade de acordo com aquilo que já está dentro de nós. Por exemplo, se eu digo para uma pessoa "xô, xô, xô", todos compreendem que a estou mandando embora. Mas, em tibetano, isso quer dizer justamente o contrário: "vem cá". O mesmo som pode ter significados diferentes, tudo depende de onde e como o pronunciamos. Cada vez que ouvimos um conjunto de sons, atribuímos a ele um conceito, um valor, os sentimentos e as emoções que aprendemos até hoje. Por isso é bom lembrar que, quando ouvimos algo, não estamos simplesmente recebendo uma informação da pessoa que nos fala, mas também de nós mesmos. Não podemos compreender o que não temos base para assimilar.

Quando alguém nos ensina algo, a pessoa não está fazendo nada mais do que acionar o que já sabemos para compreendermos algo novo. Como disse, deciframos o que nos dizem de acordo com aquilo que já está dentro de nós. Por isso o mal-entendido vem de quem escuta. Antes de culpar o outro pelo que disse, precisamos esclarecer o que escutamos.

Além disso, muitas vezes não conseguimos colocar em palavras o que sentimos. Tudo o que vemos não existe como observamos, independentemente de nossa projeção, do valor que atribuímos àquilo. Sempre nos relacionamos com algo exterior a nós através de uma imagem mental. Da mesma forma, temos que adaptar a nossa própria imagem de acordo com a realidade, que muda a cada momento.

Os objetos e as pessoas com quem nos relacionamos são impermanentes, porque estão constantemente se transformando, mas a imagem mental que temos deles não, porque nos parece permanente. Os fenômenos estão sempre se transformando porque interagem entre si. A única razão pela qual as coisas se transformam é essa interação.

Vou explicar de uma forma bem simples. Por exemplo, tenho aqui um guardanapo de papel. Não há dúvida sobre isso. Mas cada um de nós tem uma experiência diferente com ele. Uma amiga estava com o Rinpoche em Moscou, em 1993, quando era bem difícil encontrar comida. Foram ao McDonald's, a melhor opção na época. Após comer o sanduíche, ela limpou a boca com um guardanapo e colocou-o dobrado ao seu lado. Veio um senhor, muito bem-vestido, pediu licença, pegou o guardanapo, abriu, rasgou pela metade direitinho, dobrou a parte dela, pôs sobre a mesa e levou a outra parte com ele. O valor que aquele senhor dava para um guardanapo, baseado em todas as experiências que teve e na realidade em que vivia, era muito maior do que para nós, que jogamos fora um guardanapo de papel seja onde for! Isso é só para mostrar como as pessoas podem dar um valor completamente diverso ao mesmo objeto, com base nas experiências e na realidade em que vivem.

Bem, voltando ao que falávamos antes, temos uma imagem mental desse guardanapo, certo? Se eu esconder o guardanapo, você consegue se lembrar dele? Posso amassá-lo, rasgá-lo...

Mas até que ponto você acha que ele será um guardanapo? Até o ponto em que ele exercer as funções e as características da imagem mental que você tinha de um guardanapo. Se a mudança for muito grande e o objeto não corresponder mais à imagem mental que tínhamos anteriormente, achamos que ele não é mais o mesmo objeto. Quer dizer, só quando a imagem mental não pode mais ser sustentada pela sua aparência, nós nos damos conta de que o objeto mudou.

BEL
Costumamos dizer: "Nossa! Como aquela pessoa mudou!" Ela estava sempre mudando, a cada instante, mas a imagem que temos dela não.

LAMA MICHEL RINPOCHE
Nós é que não tivemos a sensibilidade de perceber a mudança. Mas isso não é tão simples como parece. Onde está o problema? Veja bem, estamos falando de dois aspectos sobre a percepção do mundo. O primeiro é que nos relacionamos com a imagem mental acreditando que ela é o objeto. O segundo é que, como a imagem mental não se transforma a cada instante, não notamos as mudanças do objeto. Se eu vir uma pessoa hoje e sei que vou me encontrar com ela amanhã, a minha expectativa é a de encontrar a mesma pessoa de hoje!

Quem já não comprou alguma coisa por causa de uma propaganda enganosa? Criamos a expectativa de que o objeto vai corresponder à imagem mental que temos dele. Depois, ao nos relacionarmos com o objeto, vemos que ele não exerce as funções e as características daquilo que nele tínhamos projetado. Ficamos com raiva dele pelo que nós projetamos. Como a tal coisa não sustentou a minha imagem mental, sinto-me decepcionado, traído.

BEL
Quantas vezes nossa dificuldade de perceber a realidade vem do medo de nos darmos conta dessa ilusão!

Lama Michel Rinpoche

Em geral nossa autoimagem é tão estática que acreditamos que é mais fácil mudar o que está à nossa volta. Mas já sabemos que isso é um engano. Quando mudamos internamente, tudo muda à nossa volta. É a velha história: temos que ser nós mesmos a mudança que queremos ver no mundo. Por isso é tão importante, no decorrer da vida, aprendermos a desconstruir idealizações e nos relacionarmos com as pessoas considerando as experiências vividas a cada momento. Antes dizia "fulano é assim", agora digo "assim me parece". Uma coisa louca da idealização é a nossa arrogância: achamos que o outro deve ser aquilo que pensamos dele. Então digo: "Se ele não é como penso, então ele é que está errado". As palavras são poderosas. Se começamos dizendo "assim me parece", nos abrimos para ver as coisas de uma forma diferente.

Bel

Temos que fazer o mesmo com nossa autoimagem. É a história da sopa, lembra?

Lama Michel Rinpoche

É verdade. Eu acabei criando uma imagem de mim mesmo como a de uma pessoa que não gosta de sopa. Não me pergunte por quê. Na Holanda toma-se sopa no almoço, no jantar e até no café da manhã. Eu estava lá num congresso, com psiquiatras e cientistas, e no almoço tinha sopa. Uma amiga que também não gosta de sopa me perguntou: "Que tal o almoço?". Respondi: "Sopa...". Só que eu tinha adorado a sopa, ela estava ótima! O que aconteceu? A minha experiência no presente era de prazer, só que não conseguia admitir que estava gostando da sopa. Por quê? Simplesmente porque sempre pensei que não gosto de sopa. A imagem que temos de nós mesmos é mais forte do que a experiência que podemos ter no presente.

Precisamos atualizar a imagem que temos de nós mesmos e fazer o mesmo com os outros. Somos nós que temos de adaptar a nossa imagem em relação a eles e não eles que têm que corresponder à imagem que temos deles!

BEL
Quando descobrimos que uma pessoa não é exatamente como pensávamos, ficamos tão abalados que chegamos a pensar que tudo o que antes víamos nela era falso. Colocamos em risco até o que mais admirávamos nela.

LAMA MICHEL RINPOCHE
Ver um aspecto não anula outro. Não devemos deixar de apreciar o que vimos de bom numa pessoa mesmo após uma desilusão. O melhor é termos o claro reconhecimento do benefício que recebemos dessa pessoa, independentemente de ela ter nos decepcionado depois. O absurdo é que, quando criamos uma imagem positiva de alguém, tudo passa a ser especial nela. Quando nos sentimos atraídos, dizemos que aceitamos até seus defeitos...

BEL
Ou não damos tanta importância aos defeitos. Mas o que toleramos no primeiro momento provoca resistência no futuro. Não aceitamos mais tal condição.

LAMA MICHEL RINPOCHE
Nada pode ser oito ou oitenta. Temos que ser razoáveis e reconhecer experiência por experiência.

BEL
Existem situações difíceis de lidar, nas quais temos que encarar a negatividade alheia.

LAMA MICHEL RINPOCHE

Claro que sim. Lidamos com as qualidades e defeitos dos outros. Mas, ainda assim, somos nós que escolhemos como conviver com isso. Se algo nos incomoda é melhor criarmos uma certa distância em vez de ficar criticando. Não é para ficar culpando a si mesmo, pensando "sou eu que vejo tudo de forma negativa". Quando uma pessoa nos trata mal, não é imaginação nossa. Mas dá para nos relacionarmos com ela da melhor maneira que pudermos. Se nem isso conseguimos, temos que nos respeitar. Saber até onde nossas pernas alcançam, em que etapa estamos de nosso processo. Também precisamos de tempo para amadurecer nossas imagens mentais.

Capítulo 40

Saber dialogar diante de situações difíceis

BEL

Numa discussão entre duas pessoas, é difícil que uma delas consiga reproduzir o que a outra disse sem alterar o texto a seu favor.

LAMA MICHEL RINPOCHE

É importante, numa conversa, dizer as coisas da melhor maneira possível. Não dar simplesmente uma opinião, mas adaptar-se à capacidade que o outro tem de entender. Se não conseguimos nos comunicar, é porque não usamos os meios que o outro possui para nos fazer entender. Não é que ele não soube escutar; nós é que não conseguimos nos explicar de uma maneira eficaz ou o momento não era propício. Devemos, pelo menos, chegar o mais perto possível daquilo que queremos dizer.

BEL

Lama Gangchen Rinpoche sempre enfatiza a importância de sabermos dialogar diante de situações difíceis. Ele fala que é melhor esperar alguns dias até que nossas emoções se acalmem, em vez de expressá-las inadequadamente. Ele usa muito esse método. Às vezes espera anos para dizer alguma coisa na hora certa. Afinal, muitos problemas começam apenas por causa de uma palavra mal-interpretada e depois viram longas discussões. Rinpoche ressalta que, em nossa sociedade, existe a liberdade de expressão. Todo mundo fala o que quer. Isso pode parecer uma coisa boa, mas os sons violentos entram dentro de nós e nos destroem. Um som violento pode ferir mais do que o tiro de uma arma. Temos facilidade para falar o que quisermos, mas muita dificuldade de ouvir. Por isso, ele nos pede para não valorizarmos tanto os sons violentos que escutamos. Quem fala com violência fala sozinho, nem quer saber o que o outro pensa.

LAMA MICHEL RINPOCHE
Demorou um pouco para eu entender que uma pessoa quer apenas falar e não está interessada no que o outro tem para dizer. Já aconteceu comigo de tentar falar algo, dar algum sentido à conversa, e a pessoa não querer refletir. Ela quer simplesmente falar. Se é assim, ela pode falar com o espelho, com um cachorro... Ou dizer, de antemão: "Eu preciso falar e você não precisa nem me escutar. Coloque um fone de ouvido e faça o que quiser. Mas eu preciso falar."

BEL
Só que isso não funciona. Quem fala sozinho, não vai a lugar nenhum. Temos tanto que falar como ouvir para que a comunicação seja eficaz. Nosso corpo também fala, precisa estar de acordo com o que queremos dizer para que o outro nos entenda.

Uma pessoa autorregulada pode até equilibrar uma pessoa em desequilíbrio. Mas, se as duas estiverem alteradas, prontas para atacar ou fugir, não há chance de entendimento, nem negociação, apenas confronto. Uma pessoa autorregulada tem um tom de voz naturalmente melódico, sua expressão facial é coerente com o discurso. É capaz de sorrir e expressar o que deseja. Como está aberta para escutar o que outro tem a dizer, não o interrompe. Mas quando estamos nervosos, ativados pela raiva ou pelo medo, nossa postura e fala tornam-se ameaçadoras. Há um tom de ataque, alto, direto e uníssono; e um tom de fuga, baixo, indireto e submisso. Ambos impossibilitam o diálogo. A voz estridente e agressiva chama mais discussão. Deixa-nos tensos, não somos capazes de ouvir nem de sorrir para chegar a um acordo. Nesse ponto, não confiamos na pessoa que está à nossa frente, mesmo que ela use palavras sensatas e diga que está lá para conversar.

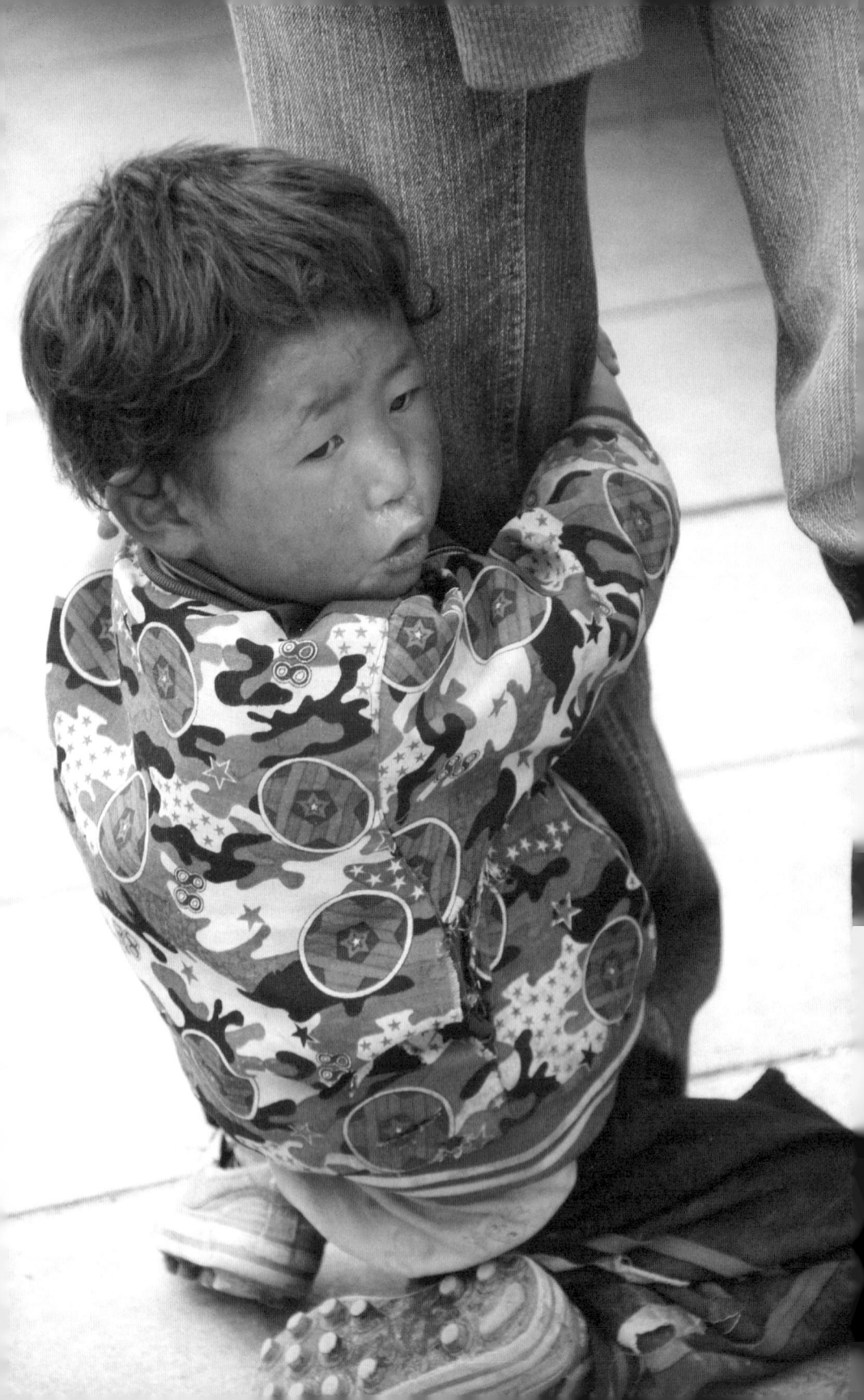

Capítulo 41

"Não quero" ou "não gosto" não é desculpa para deixar de fazer algo positivo

BEL

Algumas vezes não nos damos conta de que atribuir às pessoas qualidades que elas não podem ou não escolheram cultivar é uma forma de criar expectativas irreais. Não podemos confundir a motivação de manter um olhar positivo em relação às pessoas, ou às situações, com o hábito de lhes atribuir qualidades que elas não pretendem desenvolver. Por muitos anos errei ao atribuir às pessoas mais qualidades do que elas tinham. Fazia isso como um mecanismo para estar bem-acompanhada. Tive que aprender a diferenciar o meu olhar que potencializa daquele que cria falsas expectativas e gera sérios problemas de comunicação.

LAMA MICHEL RINPOCHE

Daí a importância de ter coerência entre a nossa expectativa e a experiência real que temos em relação ao outro.

BEL

Esse é um processo de ajustes finos. Todo relacionamento exige dedicação contínua.

Lama Michel Rinpoche

Ter um relacionamento é como cuidar de uma planta. Só quando uma árvore está grande, com raízes profundas, é que podemos relaxar um pouco, mas até lá demora, temos que regar as raízes muitas vezes. Colocar energia e esforço significa fazer algo bom, mesmo que seja difícil.

Bel

Como você costuma dizer, "não quero" ou "não gosto" não é desculpa quando pretendemos nos empenhar em algo positivo.

Lama Michel Rinpoche

Fazer apenas as coisas que gosto e quero é uma atitude tremendamente egoísta. Um relação torna-se estável quando os dois lados têm abertura para se ajudarem. Mas isso tem que ser sincero, de coração, senão não vai durar muito tempo.

Para estar de bem com a vida, é preciso eliminar os conflitos que nós mesmos geramos. Isso não significa eliminar o objeto de conflito. Eliminar um conflito é pegar o boi pelos chifres, olhar bem nos olhos dele e dizer: "Vamos lá, vamos resolver". Muitas vezes, quando encaramos o conflito de frente, concluímos que nós é que o criamos.

Bel

Quando assumimos o fato de ter criado um conflito, notamos que as coisas não precisam ser apenas no nosso jeito. Isso não significa que não devemos expressar as nossas necessidades. Nos relacionamentos íntimos isso fica ainda mais evidente. O psicoterapeuta norte-americano John Welwood[40] diz que o paradoxo de um relacionamento é que, por um lado, ele nos obriga a sermos nós mesmos e assumir uma posição e, por outro, exige que abandonemos o apego ao modo como vemos as coisas.

---

[40] John Welwood vive na cidade californiana de Mill Valley, Estados Unidos. É um dos pioneiros na integração entre a psicologia ocidental e a espiritualidade oriental.

"O desapego em um relacionamento não indica que não tenhamos necessidades ou que não prestemos atenção a elas. Se ignorarmos ou negarmos nossas necessidades, cortaremos uma parte importante de nós mesmos e teremos menos a oferecer ao parceiro. O desapego, em seu melhor sentido, significa não nos identificarmos com nossas carências, preferências e aversões. Reconhecemos a existência delas, mas permanecemos em contato como nosso eu maior, no qual as necessidades não nos dominam. A partir dessa perspectiva, podemos afirmar nosso desejo ou abandoná-lo, de acordo com as necessidades do momento."[41]
Saber diferenciar o que queremos do que precisamos é outro desafio.

[41] WELWOOD, John. *Em busca de uma psicologia do despertar*. Rio de Janeiro: Rocco, 2003. p. 262.

Capítulo 42
Temos que chegar ao ponto de nos aceitar como somos

LAMA MICHEL RINPOCHE

Todos nós nascemos, vivemos, morremos e renascemos sós. Isso quer dizer que não podemos viver a vida de ninguém e ninguém pode viver a nossa. Ninguém pode sentir nada por nós. Vivemos uma solidão interna, mesmo tendo relacionamentos externos. Se estamos felizes ou sofrendo, podemos demonstrar nosso sentimento da melhor forma, mas quem o vive somos nós mesmos. A mesma coisa serve para o outro. Podemos buscar a melhor forma de compreendê-lo, mas nunca viver os seus sentimentos. A questão é que, quando nos relacionamos com alguém, estamos, na realidade, nos relacionando com nós mesmos.

BEL

Podemos não notar, mas rejeitamos uma boa parte de nós mesmos. É como se pudéssemos dizer: "esse lado meu eu não quero". O problema é que, ao agir assim, geramos uma atitude contra nós mesmos, que nos faz sentir como se fôssemos nosso próprio inimigo. Temos que chegar ao ponto de nos aceitar como somos.

Não há como nos separarmos de nós mesmos. As marcas difíceis que tivemos em nossa vida estarão sempre em nós. Aquilo que foi, foi. Podemos transformar nossa vulnerabilidade em força interior, mas somente a partir daquilo que somos. Uma marca dolorosa pode não causar mais danos, mas precisamos acolhê-la para nos tornar coesos. A sensação de inteireza surge quando aceitamos o que buscamos excluir.

Se nos mantivermos numa atitude de autodefesa constante, não conseguiremos nos abrir para lidar com nossos monstros, muito menos sentir autocompaixão. À medida que aceitarmos o que ocorre em nosso interior, mais colados estaremos em nós mesmos. Só assim é possível ter uma atitude de real autocomprometimento. Há um novo acordo interno quando não podemos mais deixar de perceber nossas falhas. À essa altura, o desejo de mudar não está mais sustentado pelo desconforto de ser quem somos, mas sim pela vontade de nos oferecermos melhores condições.

Lama Michel Rinpoche

Muitas vezes tentamos ser o que ainda não somos, o que gera muito sofrimento. A imagem que temos de nós mesmos vem da educação que recebemos e do ideal que gostaríamos de ser.

Ninguém consegue mudar de um dia para o outro. Para encontrar o caminho do meio, às vezes temos que experimentar um extremo e depois ir ao outro. Gradualmente, oscilamos menos até encontrarmos um bom equilíbrio. É um processo gradual em que desenvolvemos nossas qualidades internas.

Bel

Como passamos muito tempo nos adequando aos outros, deixamos de saber mais a respeito de nós mesmos. Nem percebemos o que estamos de fato sentindo. Concordamos quando ainda estamos em dúvida ou nos calamos quando temos muita necessidade de falar.

À medida que aprendemos a nos consultar, deixamos de ultrapassar nossos limites porque não cedemos às imposições alheias. Saber de si implica não ter medo de se consultar. Quando cultivamos um estado de honestidade e abertura com nós mesmos, temos coragem de sentir até mesmo o que não sabemos denominar.

Quanto melhor reconhecermos nossas emoções, menos nos sujeitamos cegamente à imposição alheia. Em outras palavras, quanto mais conhecemos nossos recursos e vulnerabilidades, menos atribuímos ao outro a responsabilidade por eles.

Conhecer nossa vulnerabilidade é um modo de nos fortalecer. Lembro-me do Tomé, o cão da Fernanda, que tremeu de medo quando subiu pela primeira vez uma escada caracol. Momentos mais tarde vimos que ele estava, sozinho, treinando subir e descer a escada!

Se não enfrentarmos nossa vulnerabilidade, acabaremos presos em situações praticamente insuportáveis. Muitas vezes parece mais difícil sair do que permanecer nelas. Simplesmente não temos nem força para deixá-las.

LAMA MICHEL RINPOCHE

A questão é que não existe nenhuma experiência perfeita. Enquanto tivermos uma mente imperfeita, vamos achar problema em qualquer coisa, porque só podemos entender algo usando os recursos que já possuímos. A consciência disso ajuda-nos a relaxar.

Capítulo 43

Reclamar é uma forma de auto-hipnose

BEL

Como já conversamos, sempre que um problema nos faz sentir fracos, resistimos a encará-lo de frente. Mas continuamos a reclamar como um meio de dar voltas em vez de solucioná-lo. Pode até parecer que, ao reclamar, estamos atacando o problema, mas na realidade nos tornamos cada vez mais vítimas de um processo sem solução.

LAMA MICHEL RINPOCHE

Perdemos muito tempo e energia com a mania de reclamar. Por isso é importante não ficarmos presos aos problemas na tentativa de conhecê-los melhor, porque acabamos ficando presos a eles em vez de nos concentrarmos na solução. Ficamos mastigando tempo demais... Até parece que gostamos do sabor que eles têm! Se estou comendo uma coisa ruim, deveria focar no que posso fazer para me livrar disso, em vez de me envolver cada vez mais com o problema.

BEL

Para cultivar a disposição interna de se identificar com a solução, e não com a confusão, precisamos nos desapegar da ilusão de que ficar com o problema é uma chance de resolvê-lo. No entanto, para nos libertarmos, teremos que, a um certo ponto, desistir dele. Pode parecer até simples demais o que vou dizer, mas faz muita diferença pensar sobre a seguinte questão: como seria minha vida sem esse problema? Isto é, o que ganho em dar tanto peso a essa questão?

Reclamar é um jeito de justificar que não mudamos porque não sabemos fazer de outro modo. Se soubéssemos agir de um modo diferente, já o teríamos feito. Mas para caminhar em direção à solução e não ficar patinando no problema, teremos que nos arriscar a vê-lo de outro modo, começando por cultivar a humildade de nos render diante de nossas próprias convicções. Creio que um dos pontos mais difíceis para enfrentar nesse processo é saber nos desapegarmos da visão que até então tivemos deste problema!

O ato de reclamar alimenta a visão negativa dos problemas. Assim eles crescem cada vez mais. Reclamar é uma forma de auto-hipnose: ficamos intensamente convencidos do que dizemos a nós mesmos. Reforçamos a carga negativa de um problema à medida que nos indignamos com ele.

Capítulo 44

Como lidar com a indignação

BEL

Quando nos sentimos indignados é muito difícil conter nossa aversão. Noto claramente que fico dividida ao meio: por um lado, sinto raiva pelo que está acontecendo; por outro, quero compreender melhor. Racionalmente, sei que, para recuperar a sensação de ser "uma" novamente, terei que sair dessa paralisação. Afinal, ficar indignada é um perigo, porque esse sentimento nos corrói por dentro. Como lidar com a indignação?

LAMA MICHEL RINPOCHE

É importante nessas horas encontrar alguém em quem você confie e possa conversar abertamente, sem medo de falar o que está sentindo.

BEL

É mais fácil contar um fato do que falar de si mesmo. Se o assunto sobre o qual queremos falar for muito íntimo e delicado, pode ser melhor primeiro escrever tudo o que se passa na mente antes de falar. No começo pode parecer difícil até mesmo escrever, mas é ao nos expressarmos que os pensamentos se organizam. Falar e escrever são processos cerebrais distintos. Uma vez que conseguimos escrever para nós mesmos, livres da crítica alheia, passamos para uma nova fase: começamos a aceitar o que já sabíamos e não queríamos admitir. Quando estamos mais próximos de nós mesmos, estamos mais próximos da solução de um conflito interior. Nessa hora, falar com outra pessoa que nos escute ajuda muito mesmo.

Lama Michel Rinpoche

Calmos, temos uma visão mais ampla das causas que originaram uma certa situação. Quando nos fixamos em algo que no momento presente nos deixa indignados, projetamos toda raiva num só ponto. Mas, se refletirmos sobre a origem do problema, veremos que a história é mais longa, antiga e complexa do que pensávamos. Temos que fazer o mesmo ao olhar para o futuro. É preciso ter do problema uma visão suficientemente ampla para nos acalmarmos e aguardarmos o momento de agir. Enquanto isso, continuamos a buscar mais e mais clareza.

Bel

É fato. Para escutar a mensagem contida na indignação, precisamos diminuir o seu volume, quer dizer, a sua dramaticidade. As emoções carregadas de indignação são mais difíceis de serem expressas verbalmente, pois são mais complexas do que os pensamentos. Estão carregadas de conteúdos implícitos. Além disso, raramente conseguimos esconder dos outros nossa indignação, pois ela se torna evidente na postura corporal, nas expressões faciais. Como diz o psicólogo Paul Ekman: "Os pensamentos são particulares, as emoções são públicas". Segundo ele, os outros *sabem* o que sentimos, mesmo se quisermos nos esconder. Por isso, muitas vezes quem nos observa pode se dar conta de que estamos indignados antes mesmo de nós!

Capítulo 45

O sentimento de culpa

BEL

Algumas vezes o sentimento de culpa é um desconforto emocional difuso, outras aparece com cara, data e endereço. De qualquer forma, é um sentimento que, se não for elaborado, paralisa a vida daquele que não o enfrenta.

No sentido comum, culpa é algo que temos frente a sentimentos negativos e repetitivos que surgem quando cometemos um erro que consideramos grave, quando fazemos algo que gostaríamos de não ter feito ou de ter sido obrigado a fazer. Num sentido mais profundo, culpa é um sentimento que permeia os pensamentos com jogos emocionais complexos, dos quais muitas vezes nem nos damos conta, apenas sentimos um bloqueio, um peso interior. Como você vê isso?

LAMA MICHEL RINPOCHE

A culpa não surge apenas quando uma pessoa faz algo acreditando que é ruim. Às vezes ela faz uma coisa de que gosta, acha que é boa, mas passa a sentir culpa quando é julgada negativamente.

BEL

Os outros disseram que ela é culpada e ela engoliu. Sei que em tibetano não existe uma palavra que corresponda à culpa. Se não existe a palavra, não existe o conceito?

LAMA MICHEL RINPOCHE

Não, não existe. Mas posso dizer *kyerang gyi kyon re*, que significa "quem é o responsável por isto?" ou "é seu erro". Isso sim, isso existe. Mas não existe uma palavra em tibetano para sentimento de culpa. Existe a ideia de ser responsável por algo que fizemos e depois nos sentimos arrependidos. Isso é o que você chama de remorso?

BEL

Sim, se entendemos o remorso como algo que sentimos quando compreendemos que fizemos uma ação errada e nos responsabilizamos por isso. Remorso é a *consciência* do sentimento de culpa. Implica arrependimento. É uma ação que busca por reparação. Remorso é um estímulo para rever os erros e ter cautela no futuro. Por isso gera responsabilidade e consideração frente ao outro.

O sentimento de culpa não é nada mais que a frustração de não sermos quem achávamos que deveríamos ser. A culpa fica presa em nós enquanto estivermos decepcionados com nós mesmos. Ela nos desequilibra emocionalmente, diminui a autoestima, destrói a esperança, paralisa a nossa vida. Isso porque ficamos nos lamuriando sem parar. Pode até ter uma lógica, mas com cara e tom de inadequação. Culpa é o resultado da raiva guardada que se volta contra nós mesmos: "Como pude fazer isso?" Punir-se é um modo de antecipar uma possível punição externa. Quanto mais alto for o ideal que almejamos atingir para ser aceito e amado, maior será a severidade da consciência para nós mesmos.

LAMA MICHEL RINPOCHE

Isso ocorre porque estamos presos a uma autoimagem diferente da imagem mental gerada no momento da ação. A autoimagem que queremos ter não combina com a ação que praticamos.

BEL

Você quer dizer que agimos crendo que seríamos melhores do que na realidade somos. Então, como não damos conta do recado, sentimos que falhamos.

Lama Gangchen Rinpoche nos aconselha a substituirmos a palavra "problemas" por "pequenas dificuldades". Mesmo diante de grandes problemas temos que encará-los passo a passo. Costumo dizer que diante de grandes desafios temos que ser gentis com nossos limites e inseguranças. Para não pegar pesado com nós mesmos, podemos pelo menos evitar a autocrítica excessiva e não assumir tarefas maiores do que podemos de fato suportar. Mas, em geral, não nos desapegamos de nossos problemas. Acreditamos que, por meio deles, expressamos nossa existência: quem somos em relação aos outros e à nossa própria autoimagem.

Um problema reflete tanto a nossa força interior quanto a nossa vulnerabilidade. As coisas que dizemos a nós mesmos de forma repetida e recorrente ficam enraizadas na mente, interligadas a um conjunto de processos mentais. Após um acontecimento assustador, embaraçoso ou doloroso, o cérebro inicia, automaticamente, uma revisão repetitiva dos elementos envolvidos. Quando acionamos um conjunto de pensamentos e sensações associados a uma certa culpa, nosso cérebro entende que precisa revê-los, até conseguir encontrar uma certa coerência entre o que se passa dentro e fora de nós. Caso contrário, a culpa torna-se autopunição. Para podermos fluir livremente, não podemos nos sentir ameaçados por nós mesmos.

LAMA MICHEL RINPOCHE
Um dos votos para o Treinamento da Mente, de Shantideva, diz o seguinte: "Não colocar a carga de um *dzo* sobre um iaque".

BEL
O que é um *dzo*?

LAMA MICHEL RINPOCHE
O *dzo*, um animal que tem no Tibete, suporta uma carga muito grande. É o cruzamento de um iaque com uma vaca. É muito mais forte que um iaque. Quando dizemos que não se deve colocar a carga de um *dzo* sobre um iaque, significa que não se deve jogar a responsabilidade para o outro nem culpá-lo por aquilo que é de nossa responsabilidade.

BEL
Não podemos transferir nossos sentimentos para os outros, mas eles podem nos ajudar a elaborá-los ao testemunhar nossa ação de reparo. É o olhar do outro que nos autoriza a nos vermos de uma nova maneira.

Capítulo 46

Como seria a nossa vida se parássemos de nos justificar?

LAMA MICHEL RINPOCHE

Em tibetano, *shag-pa tche-pa* significa "admitir abertamente os nossos erros". Reconhecer uma ação negativa e arrepender-se significa ter clareza do que ocorreu sem a necessidade de justificar o próprio erro. "Fiz besteira, reconheço. Por quê? Porque sou ignorante, porque tenho raiva, medo, ciúme, inveja..." Quando fiz aquilo, eu sabia que consequências teriam? Provavelmente não. Se soubesse, é porque ainda sou mais ignorante do que imaginava. Uma força maior me levou a fazer aquilo. Podia ser um desejo, algum tipo de aversão... Admitir abertamente o próprio erro é não culpar os outros pelo que fiz. E também não culpar a nós mesmos. Jamais pensar "tenho que ser punido pelo que fiz, tenho que aprender a lição". Não, não é isso. É abrir o coração para ver a realidade e poder dizer: "Nossa! Olha o que eu fiz! Melhor não repetir." Isto é admitir abertamente as próprias ações, reconhecer os próprios erros.

BEL

Admitir o erro não significa se punir. Em seu livro *NgelSo: Autocura Tântrica III*, Lama Gangchen Rinpoche escreveu uma frase que eu, particularmente, gosto muito: "Quem faz a bagunça é quem deve arrumá-la". E segue: "Quando temos consciência de ter feito algo prejudicial ou autodestrutivo, devemos sentir arrependimento, não culpa. Nosso arrependimento deve ser como a sensação de ter engolido uma comida envenenada por engano. Desejamos nos livrar desse veneno o mais rápido possível, antes que ele nos faça mal."[42]

LAMA MICHEL RINPOCHE

Vejo que é comum as pessoas terem um forte sentimento de culpa e raramente admitirem o próprio erro. Parece que ninguém erra. Acontece um problema e... quem é o responsável? Ninguém! É tão bonito, tão legal se abrir e dizer: "Errei".

Há dois tipos de ações não virtuosas: abertas e veladas. Em tibetano, *tchab-pa* quer dizer ação velada e *ma-tchab-pa*, ação não velada. Ocultar uma ação não virtuosa faz com que ela cresça, porque acabamos por escondê-la até de nós mesmos e, como consequência, tornamos a repeti-la. Por isso, é importante falar sinceramente de nossos erros com alguém que sentimos confiança. Isso não quer dizer que precisamos ouvir "não foi nada, não se preocupe". Não é isso. Estamos simplesmente nos abrindo. Quando assumimos abertamente nossos erros, desarmamos o outro e, automaticamente, diminuímos o conflito.

BEL

Como costumo dizer, a verdade organiza. Mas, é sempre a velha história: não basta entender para mudar de atitude. Antes de tudo, é preciso desenvolver nossa força interior, nos sentirmos fortes o suficiente para mudar. Depois é possível parar de justificar nossos erros e reconhecer tanto os nossos recursos externos (amigos e conhecimento) quanto

---

[42] RINPOCHE, Lama Gangchen. *NgelSo: Autocura Tântrica III*. São Paulo: Gaia, 2002. p. 278.

nossos recursos internos (perseverança e curiosidade sobre de si mesmo). Como seria a nossa vida se parássemos de nos justificar?

LAMA MICHEL RINPOCHE

Por que é mais fácil justificar do que mudar de atitude? Simplesmente porque não queremos sofrer. Pensamos: "Estou sofrendo porque alguém fez uma coisa errada. Por mim, eu não estaria sofrendo." Estou certo ou não? Como não acreditamos em nossa própria força, achamos que a solução é mais dolorosa que o problema. A solução não é gostosa, parece difícil. O problema é difícil, mas gostoso. Com qual deles eu fico? Não conheço bem a solução, não sei avaliar o resultado. O problema eu conheço, então é melhor ficar com ele. No decorrer do tempo, as atitudes desse tipo vão se acumulando, crescem, até que um dia temos um monstro dentro de casa e não sabemos mais lidar com ele.

LAMA MICHEL RINPOCHE

Admitir abertamente o próprio erro, assumir o compromisso de não mais repeti-lo e fazer algo para purificá-lo são atos que criam um estado positivo de amor, compaixão, respeito e gratidão. Que ações purificam? Posso ajudar uma pessoa, fazer uma oferenda aos seres sagrados, realizar uma prática de meditação… Posso até limpar minha casa imaginando que a sujeira que coloco para fora é a energia da ação que encobri. O mais importante é ter uma atitude oposta à anterior.

BEL

E não existe uma atitude de reparação frente ao outro? Como "limpar a casa" de uma pessoa que você sujou? Estou falando metaforicamente…

LAMA MICHEL RINPOCHE

Não dessa maneira. Uma ação não virtuosa nada tem a ver com culpa ou reparação de culpa, ok? Mesmo porque, ao praticar uma ação não virtuosa, estou antes de tudo fazendo mal a mim mesmo. A verdadeira reparação inicia na atitude que temos em relação ao outro. Não posso pensar: "Fui lá, peguei seu dinheiro, agora vou dar dinheiro para outro".

Seria fácil se fosse assim. Ou: "Ih! Sujei sua casa, vou lá limpar." O fato é que eu tive um momento de raiva em relação a você e, para purificar essa ação, tenho que desenvolver amor por você. Essa é a atitude oposta que ocorre no processo de purificação.

É muito importante parar, um minuto que seja, olhar para nós mesmos e refletir: "Hum... o que fiz hoje que não foi legal. Quais foram minhas atitudes criadas pela raiva, inveja, ciúme, apego? Que palavras eu disse que poderia ter dito de outro jeito?" De nada adianta dizer: "Ah! Mas ele foi mal-educado comigo, por isso respondi assim." Ou: "Ele bateu em mim primeiro, né?" Tem gente que parece criança. Quando briga, fala que a culpa é do outro ou que não tem que ser punida pelo que não provocou. Você ganha muito mais se pensar: "Não importa o que aconteceu, o fato é que *eu fiz*".

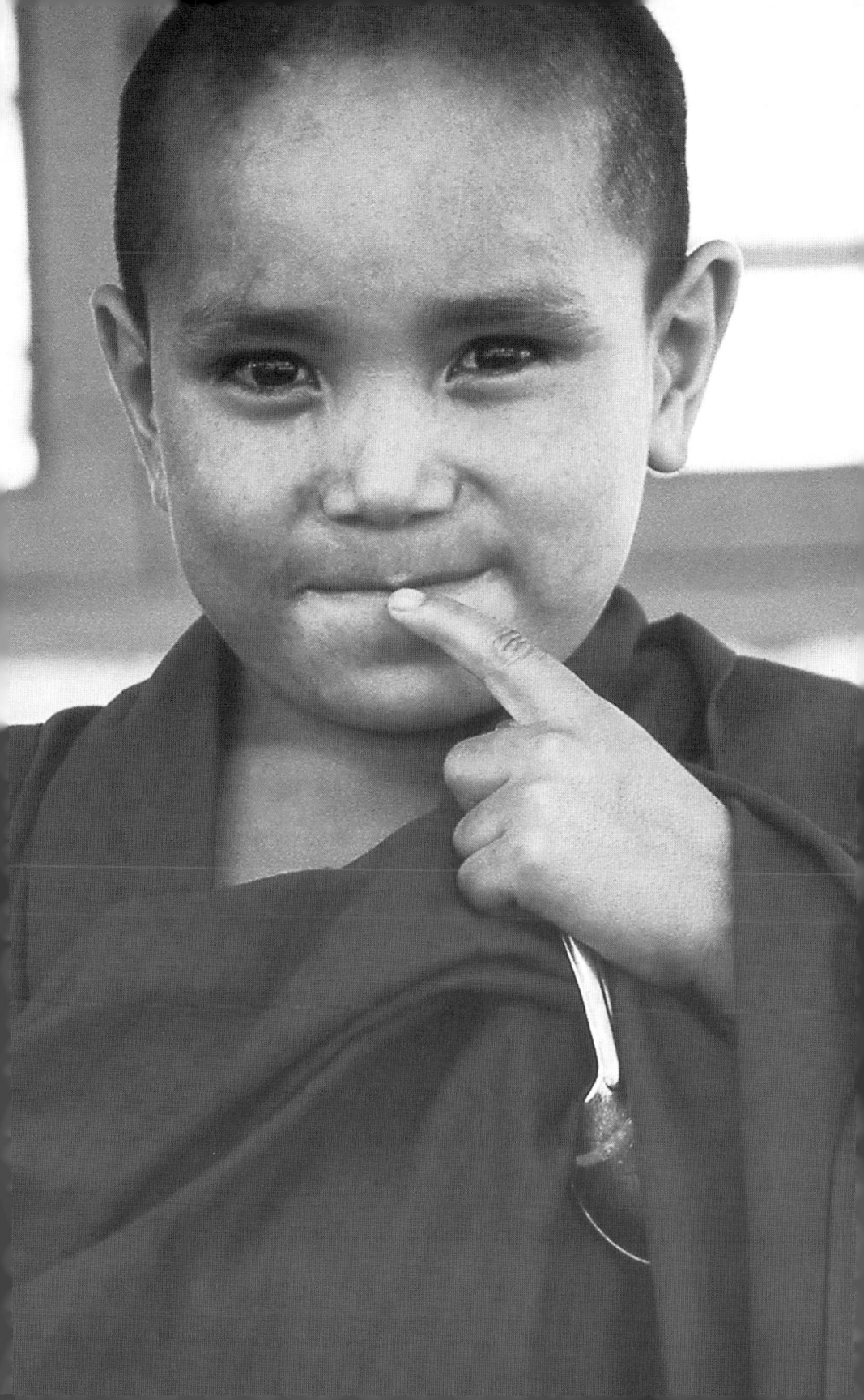

Capítulo 47

Culpar um ser ignorante por agir com ignorância é o mesmo que culpar a água por ser molhada

BEL

Conheço várias pessoas que sempre pisam na bola e depois pedem desculpas. Já cansei de me esforçar para dizer "ok", quando a única coisa que a pessoa faz é pedir desculpas e repetir o erro.

LAMA MICHEL RINPOCHE

"Desculpe" e "obrigado" são duas palavras em português que eu, particularmente, não gosto. Porque desculpar-se é o mesmo que dizer "fiz algo errado, tenho uma culpa e peço que você a tire de mim". E obrigado: "você fez algo por mim e eu tenho a obrigação de fazer algo por você, sou obrigado a isso". As palavras trazem em si um significado. Por mais que a gente não pense nisso, elas trazem um peso em si. Em tibetano, a palavra obrigado é *tu-di-tche*, que quer dizer mente, mas também coração. E a palavra *tu-di* quer dizer gentileza, compaixão. *Tche* quer dizer grande. Em vez de obrigado se diz: eu reconheço sua grande gentileza e compaixão.

BEL

Em geral quando alguém fala "obrigado" e "desculpe" sempre cai bem, porque é uma forma de educação e respeito para com o outro, mas o que você está explicando é que, em tibetano, há um propósito além da boa educação: o reconhecimento das qualidades do outro.

Lama Michel Rinpoche

A palavra tibetana para desculpe é *gonda*, que significa "mente pura", algo como: limpe a sua mente de qualquer conflito que possa existir entre nós. O sentido é diferente do nosso. As palavras têm um poder muito grande sobre o campo morfogenético, no qual se diz que tudo o que existe no mundo material tem, por sua vez, uma força energética. Quanto mais as palavras forem usadas com uma certa intenção, mais forte essa intenção será.

Bel

No sentido ocidental quem pede desculpas transfere para o outro o peso do que é preciso fazer para que tudo volte a ficar bem. Pedir desculpas não tem poder de purificação, não é mesmo?

Lama Michel Rinpoche

Pedir desculpas não faz parte do processo de purificação. Uma coisa é o relacionamento entre pessoas, no qual pedimos e aceitamos desculpas. Aliás, um dos votos do Bodhisattva é aceitar desculpas de quem quer que seja. Já a purificação faz parte de um processo interior. Essa distinção é superimportante. Admitir o próprio erro é diferente de pedir desculpas, que na maioria das vezes é uma forma de não lidar com as consequências do que fizemos. Talvez sirva para dissolver tensões de um relacionamento, mas não resolve as questões do *karma*.

Frases como "eu não deveria ter feito aquilo", "eu não poderia ter agido daquela maneira", "como pude fazer algo assim?" de nada adiantam. Fez besteira porque é ignorante, ué! Se não fosse, nunca teria feito. Para que ficar se culpando ou culpar o outro? Cada um é o que é. Culpar um ser ignorante por agir com ignorância é o mesmo que culpar a água por ser molhada ou culpar o fogo porque queima...

O processo de purificação é outra coisa. Implica o reconhecimento das ações que não fazem bem nem a nós mesmos nem aos outros e o propósito de não repeti-las. Não podemos dizer "nossa, como eu me arrependo do que fiz" e no dia seguinte fazer a mesma coisa.

BEL

Como posso dizer a mim mesma que não vou repetir uma ação se já sei que vou repeti-la?

LAMA MICHEL RINPOCHE

Nesse caso, parece que o veneno tem um gosto bom! Enquanto não nos arrebentarmos completamente, vamos continuar tomando o veneno por causa do seu sabor. Daí a importância de assumir o compromisso de não repetir o erro, mesmo sabendo que isso pode acontecer. Em algum momento a ficha vai cair.

Temos que quebrar nossa compulsão de fazer coisas ruins de maneira suave. Do contrário, "limpar" simplesmente a ação sem tentar interromper o ciclo de negatividade é o mesmo que tomar banho e depois se jogar no lodo. É preciso saber que agir, pensar e falar de uma determinada maneira não é correto, como também é preciso ter uma atitude de humildade.

Capítulo 48

Quando entendemos algo, precisamos trazer esse entendimento para o coração

LAMA MICHEL RINPOCHE

Uma vez eu me perguntei o que é viver. Viver é experimentar, sentir. Percebemos o mundo através da sensação e não da compreensão ou do entendimento. O que determina para mim se uma coisa é boa ou ruim? O entendimento sobre ela ou a sensação que temos ao entrar em contato com ela? É a sensação.

De acordo com os ensinamentos budistas, todo pensamento é composto por cinco aspectos da mente: sensação, discernimento, intenção, direcionamento e contato. Não vou explicar tudo isso agora, mas o fato é que a todo momento temos uma sensação que nos leva a reagir. Essa reação é a intenção, baseada na atração, na aversão ou na indiferença.

BEL

Perceber no corpo as sensações de atração, aversão ou indiferença torna nossas experiências mais conscientes. Mas não fomos treinados para reconhecer a percepção corporal interna, perceber onde estamos mais tensos ou relaxados. Nossa atenção está voltada para os pensamentos. Se treinarmos nossa sensopercepção, o que sentimos e não só o que pensamos, teremos um acesso mais rápido e direto ao autoconhecimento. Assim será mais fácil nos autorregularmos, direcionarmos nossa mente para onde quisermos.

LAMA MICHEL RINPOCHE

Muitas vezes, no dia a dia, vivemos a mente racional e os sentimentos de forma paralela, como se eles existissem separadamente.

É importante diminuir essa dualidade e aumentar a coerência entre os pensamentos e os sentimentos. Os pensamentos são mais fáceis de direcionar que os sentimentos. Porém, temos que ter um equilíbrio coerente, que respeite tanto os sentimentos como os pensamentos.

Uma parte muito importante da vida não é o conhecimento, mas a forma como vivemos no mundo. Aqui temos que nos colocar a seguinte pergunta: "Gostamos de algo ou da sensação de prazer que isso nos traz?" Da sensação de prazer! No final das contas, o que queremos não é o objeto em si, o objeto ao qual estamos apegados, mas a sensação de prazer que ele nos proporciona. Por isso vamos atrás dele.

Objeto pode ser qualquer coisa: uma situação, uma pessoa, uma comida. Vamos supor que haja dois restaurantes: um bem refinado e o bar da esquina. Que diferença faz comer algo muito especial ou uma coxinha gordurosa, se ambos causarem prazer? Outra coisa que pode acontecer é estarmos diante da comida de que mais gostamos e não sentirmos prazer, se naquele momento estivermos com raiva, inveja... Ou, então, estarmos diante de uma comida de que não gostamos e sentir prazer, se estivermos sentindo amor, carinho, generosidade, algo que preencha nosso coração.

BEL
Só que, se estivermos bem e a coxinha for boa, vamos querer mais de uma. E podemos acabar nos sentindo mal...

LAMA MICHEL RINPOCHE
Qual é o objetivo de obter o objeto de desejo? Sentir satisfação. O prazer é muito maior quando damos uma mordidinha na coxinha, depois outra, do que ter uma bandeja de coxinhas na frente. No primeiro momento o impacto é forte, mas depois de um tempo comer demais dá indigestão ou não tem mais graça.

BEL
O prazer chega ao ponto de saturação, comemos apenas pelo desejo descontrolado, não mais pelo prazer da experiência direta com o objeto.

Nos desconectamos tanto de nós mesmos como da experiência. O mesmo ocorre quando nos tornamos automatizados por nossos impulsos. É como achar que estamos amando, mesmo não sentindo mais amor.

LAMA MICHEL RINPOCHE
Gerar estados de consciência de forma direta e não conceitual deve ser nosso principal objetivo. Podemos até ter uma ideia clara de como devemos nos comportar, mas entender não é o bastante. Quando entendemos algo, precisamos trazer esse entendimento para o coração.

BEL
Como fazer desse entendimento uma experiência direta?

LAMA MICHEL RINPOCHE
Aqui inicia o processo de nos autoeducarmos emocionalmente. Quando estamos diante de uma determinada situação, nossa reação não está baseada no que sabemos ou deixamos de saber, mas sim na experiência que tivemos anteriormente. Por isso é extremamente importante nos autoinduzirmos a certas experiências positivas por meio da meditação. Se conseguirmos nos autoinduzir a estados de consciência positiva, isso vai nos levar a repeti-las de uma forma natural e espontânea.

Quando nossas emoções vêm com força, não temos mais como controlá-las. Por isso é preciso treinar a mente quando estamos bem. Depois de realizar o processo de escutar, compreender e meditar, chegamos à experiência direta. Em outras palavras, temos que fazer uma lavagem cerebral. É preciso repetir o que compreendemos e nos autoinduzirmos a este estado várias vezes, até que essa experiência surja de modo direto e verdadeiro.

BEL
Interessante... Você está dizendo que é preciso, inicialmente, tomar uma atitude quase que teatral, fazer de conta que somos do jeito que queremos ser, para familiarizar nossa mente, até que essa atitude seja espontânea. Dê um exemplo.

LAMA MICHEL RINPOCHE

O amor. Eu sinto um amor incondicional e equânime por todos os seres? Não. Como é o meu amor? Egoísta, porque amo aqueles que fazem bem ao *eu* e ao *meu*. O que acontece quando alguém que eu amo deixa de fazer bem ou faz mal ao *eu* e ao *meu*? Posso deixar de amá-lo? Sim. Então, a forma egoísta de amar é: eu amo aquele que me faz bem e não amo aquele que me faz mal. Isso é só para dizer que nesse momento não sentimos o Grande Amor. Só com o Grande Amor é possível nos abrirmos para uma pessoa que não conhecemos ou a quem somos indiferentes.

BEL

Como a história com o pedreiro da Vila Madalena. Conta como foi.

LAMA MICHEL RINPOCHE

Foi no dia do meu aniversário. Eu estava com um amigo na Vila Madalena, esperando o carro, quando notei que um pedreiro começou a me olhar. É normal as pessoas me olharem por causa da maneira como me visto. Em geral, quando uma pessoa olha para a gente e nós olhamos de volta, ela desvia o olhar. Nesse caso, o pedreiro começou a me olhar e eu continuei olhando para ele. Ficamos assim. Aí comecei a sorrir e ele correspondeu, por mais de um minuto. Foi um longo tempo. Naquele momento eu só queria que ele fosse feliz. Isso é o mesmo que dizer, de maneira não verbal, "eu te amo". Aquilo preencheu o meu coração. Saí de lá agradecido e, ao mesmo tempo, com uma sensação de plenitude. Nessas horas vemos como a vida é simples. Basta ter experiências diretas, verdadeiras. Não foi uma coisa racional, eu não resolvi dar amor ao pedreiro, não foi isso. Foi um sentimento direto, não conceitual. É algo que vem do nada? Não. Teve uma preparação? Sim. É resultado do processo de refletir e meditar sobre o amor. Que bom que funciona! Acontece a todo momento? Não. Porém, quando mais espaço dermos para o amor, mais presente ele vai estar.

Capítulo 49

A experiência direta do Grande Amor

BEL

Como a meditação nos ajuda a desenvolver o Grande Amor?

LAMA MICHEL RINPOCHE

A meditação é a autoindução a um estado de consciência positivo, para que depois ele possa surgir de uma forma natural e espontânea. Esse processo, que em tibetano chama-se *thö-sam gom-sum*, segue as etapas de escutar, compreender, meditar e realizar. Primeiro vamos escutar, receber informações como, por exemplo, sobre a natureza do amor e da sabedoria da equanimidade. Seja lendo ou escutando os ensinamentos, seja conversando com alguém. É preciso chegar a uma pressuposição correta, mesmo sem nunca ter tido uma razão lógica correta ou uma experiência direta. Podemos ainda não ter uma experiência do Grande Amor nem a total clareza sobre o que ele é, mas só de ouvirmos que existe, passamos a acreditar.

BEL

Não basta entender algo intelectualmente para senti-lo.

LAMA MICHEL RINPOCHE

Temos diferentes níveis de percepção. Uma é a percepção conceitual, que surge da imagem mental que criamos sobre algo; pode ser real ou não. Outra é a percepção que vem de uma forma natural e espontânea, que é a experiência direta.

263

Primeiro é preciso compreender: ter total clareza sobre o que estamos pressupondo. Não ter mais nenhum espaço para dúvidas. Esta é a sabedoria da reflexão, também chamada de "cognição inferencial válida".

Uma razão lógica correta segue três pontos: o objeto, a tese e a razão. Por exemplo, "todos os seres" são o objeto; "são iguais" é a tese; "pois todos sofrem e desejam ser felizes" é a razão. Temos que compreender esses pontos separadamente para então chegar a uma razão lógica correta. Outro exemplo, talvez mais fácil: atrás da montanha tem fogo pois há fumaça. A montanha é o objeto, o fogo é a tese, e a fumaça é a razão. Primeiro precisamos compreender que, por trás da montanha tem fumaça, para depois concluirmos que onde tem fumaça tem fogo. Depois de passar por esse processo de razão lógica correta, não teremos mais nenhuma dúvida sobre nossa tese.

É dito que meditar sem ter compreendido é como escalar uma grande pedra com as mãos fechadas. Não temos onde nos segurar.

BEL
A fase de autoindução à qual você se referiu é ainda conceitual?

LAMA MICHEL RINPOCHE
Sim, pois a meditação analítica parte de um processo conceitual, no qual conduzimos nossa mente a sentir um estado de amor com equanimidade. Uma vez que sentimos esse estado de amor, vamos nos concentrar nele de forma unidirecionada. Esse é um processo que requer esforço físico e mental; praticado de forma correta, poderá desenvolver o *shamatha* (*shi-ne*, em tibetano): um estado de concentração unidirecionado, livre de torpor ou agitação mental, que gera um grande bem-estar físico e mental.

BEL
Ou seja, nesse momento você já está sentindo amor com equanimidade e não apenas analisando. Qual o passo seguinte para chegar ao Grande Amor?

LAMA MICHEL RINPOCHE

Agora que a mente está toda concentrada no objeto, uma pequena parte dela começa a analisá-lo: "Todos os seres são iguais". Então, outra parte da mente questiona: "De que forma eles são iguais?". E a mente inicial responde: "Pois todos sofrem e querem ser felizes". Tudo isso sem perder a concentração. O exemplo que é dado por Panchen Losang Chö Kyi Gyaltsen[43] é o de um lago bem calmo, onde um peixe bem pequeno começa a se mover nas suas profundezas mas não faz com que a superfície se mova. A superfície que não se mexe é a mente concentrada. No começo isso é muito difícil, mas depois de um processo de familiarização isso traz um grande prazer físico e mental. Neste momento realiza-se o *vipassanā*,[44] a visão suprema, *lahg-thong* em tibetano. Como resultado deste processo realizamos a experiência direta do Grande Amor, chamada de "cognição válida direta": um verdadeiro estado de alegria, equilíbrio e satisfação, que surge de forma natural e espontânea. Até então estávamos percebendo a imagem mental que tínhamos sobre o conceito de amor. Com a meditação, vamos além da imagem mental e entramos em contato direto com o Grande Amor de forma espontânea, com todo nosso ser. Não basta entender o amor é preciso realizá-lo.

BEL

Mesmo não sendo capazes de vivenciar esse estado, só de escutá-lo já nos faz sentir um grande prazer. Falando sobre a experiência direta, lembrei de quando o Lama Gangchen Rinpoche, conversando com nosso grupo de Plantio Coletivo,[45] enfatizou que para a vida ter "sabor" precisamos ter uma experiência direta com a realidade. Ele disse que ela ocorre quando nos deixamos tocar por algo que está além da uma compreensão mental.

---

[43] Panchen Losang Chö Kyi Gyaltsen (1570-1662) foi o quarto Panchen Lama da escola Gelugpa do budismo tibetano. Escreveu de mais de trezentas obras.

[44] *Vipassanā*, em pāli, significa *insight*, ver as coisas como elas realmente são, ter a percepção direta dos fenômenos.

[45] Atividade de Ecopsicologia realizada por Bel Cesar e Peter Webb no Sítio Vida de Clara Luz, em Itapevi, São Paulo. Saiba mais: www.vidadeclaraluz.com.br.

Por exemplo, quando nos deixamos ser tocados pela beleza de uma flor. Se apenas olharmos a flor sem uma experiência direta, estaremos simplesmente vendo uma flor. Paramos por aí. Mas, se nos abrirmos para sentir a sua beleza, teremos uma experiência direta com ela.

Rinpoche nos incentivou a observar a natureza para apreendermos os ensinamentos espirituais mais profundos, como a natureza da impermanência e os ciclos de vida-morte-vida, sem precisarmos estudar os textos de filosofia, que são complexos demais para a nossa compreensão. Ele diz que teremos uma aceitação profunda da morte se observarmos o ciclo das flores: como elas nascem, crescem, caem e morrem e, depois, renascem. E como todo esse processo está interconectado no ambiente. Essa compreensão não será só mental, pois seremos tocados além das palavras. Por fim, ele conclui que, se estivéssemos apenas sentados, meditando, provavelmente não poderíamos tocar esses níveis de percepção dos fenômenos. Nós temos sorte por isso!

LAMA MICHEL RINPOCHE

Eu vejo que, muitas vezes, temos dificuldade em aceitar que, compreender os fenômenos, é só o primeiro passo. Uma vez que entendemos algo, depois teremos um longo processo de nos familiarizarmos com o conceito, até que ele se torne uma experiência direta. Por exemplo, uma coisa é entender que os fenômenos são impermanentes e outra, sentir isso de tal forma que nem precisamos mais nos expressar verbalmente. Olhamos para algo e sentimos sua transformação. Esse é o objetivo: ter uma experiência direta com todas as nossas ações e os aspectos da vida.

Capítulo 50

Se for verdadeiro, o amor não acaba

BEL

No Grande Amor não há expectativas, pois desejamos que o outro seja feliz, independentemente de onde e com quem ele queira estar. Na vida a dois as coisas não são bem assim. Tudo o que fazemos, positiva ou negativamente, afeta o outro. Existem certas ordens que preservam um relacionamento.

LAMA MICHEL RINPOCHE

Não há dúvida. É preciso ter uma visão mais clara do que é o Grande Amor, antes de refletirmos sobre o amor no contexto dos relacionamentos. Caso contrário, vamos comparar um sentimento muito profundo a algo transitório e superficial. Quando se trata de um relacionamento, é preciso cuidar de certos aspectos para que haja a troca correta e a confiança necessária. Sem isso é impossível manter uma boa convivência.

BEL

Confundimos o sentido de amar, de desejar a felicidade do outro, com o relacionamento em si. Percebo isso, sobretudo, no momento de uma separação. Em geral, os casais se separam porque o "amor" acabou.

Mas, se for verdadeiro, o amor não acaba. Mesmo sem confiar mais numa pessoa, posso desejar-lhe tudo de bom. Nos separamos porque a convivência tornou-se inviável ou por outras razões, como sentir-se limitado para crescer como pessoa ao lado dela. Porém, vou amá-la mesmo depois da separação, se conseguir manter o desejo sincero de que ela seja feliz. Em geral, existe o medo de continuar gostando da pessoa e sofrer com isso. Entendo que esse não é o amor verdadeiro, mas é bom falar disso.

LAMA MICHEL RINPOCHE

O amor que as pessoas temem não permanecer é um sentimento condicionado por expectativas de prazer. É como se dissessem "posso te amar se você me der em troca bem-estar, carinho, as coisas que eu quero". Mas estamos falando de um amor mais profundo, livre de qualquer condição. Um sentimento positivo que foi criado e permanece.

BEL

Permanece e continua a se desenvolver, inclusive depois da morte. Como em nossa cultura materialista o abstrato e o invisível não são reconhecidos, quando uma pessoa falece, ela praticamente "some". Evita-se falar de quem morreu. Por isso, continuar a sentir que o amor por ela permanece e pode continuar a se desenvolver é um processo geralmente vivido em solidão. Cada um busca um mecanismo próprio para direcionar o amor que até então era voltado para uma pessoa física.

LAMA MICHEL RINPOCHE

O amor é um sentimento e, no momento em que eu sinto amor por uma pessoa, não faz diferença se ela está presente, fisicamente ou não. Tanto faz se ela está viva ou não, o amor que eu sinto pode continuar se for profundo. Amamos independentemente de várias coisas, do nome, daquilo que ela fez ou deixou de fazer. Quando se cria um vínculo profundo, esse vínculo continua, de vida em vida. Isso serve tanto para o amor quanto para a aversão.

Há um tipo de aversão *kármica*: não gostamos de uma pessoa nem sabemos por quê, tem uma coisa que não vai. Isso aconteceu com um dos meus mestres. Tinha um monge no monastério que ficava com raiva cada vez que esse mestre o via. E isso num monastério de 5 mil monges! É muita gente! Ele nem sabia o nome do monge e não tinha nenhuma razão para ter raiva dele, mas cada vez que o encontrava, sentia um "negócio". Dez, quinze anos depois, isso passou. Um dia eles se encontravam e meu mestre disse: "Olha que coisa estranha! Por muito tempo, cada vez que eu te via sentia uma grande aversão por você." E o outro respondeu: "Sabia que acontecia comigo também?". Isso é o que se chama de aversão *kármica*.

Existem também as atrações *kármicas*. Sempre que criamos um vínculo com uma pessoa, ele vai continuar, tanto nessa vida quanto depois dela. A forma como vai continuar, ninguém sabe.

Capítulo 51

Por que temos tanta dificuldade de receber amor?

LAMA MICHEL RINPOCHE

Noto muita gente inteligente que, diante do primeiro problema emocional, não tem estrutura para lidar com ele. Isso ocorre porque passamos grande parte do tempo fugindo das emoções, sem ter contato com nós mesmos. Estamos sempre em busca de algo para nos distrair. Evitamos o contato interno. Nada contra os prazeres e as diversões, o problema é quando vivemos isso como refúgio e perdemos a confiança em nossa capacidade de lidar com os problemas. Acreditar em nossa capacidade é muito importante. Mas ela vai se perdendo à medida que dependemos mais e mais do mundo externo e fugimos de nós mesmos. É triste dizer, mas vejo isso muito presente hoje em dia. Fazemos da vida um parque de diversões. Se não gostamos de um brinquedo, vamos para outro. "Se você não brincar comigo do meu jeito, não brinco mais com você." No final, fica todo mundo brincando sozinho. Vemos isso nas amizades e nos relacionamentos. Na primeira dificuldade, deixamos tudo para trás! Por quê? Porque um não respeita o outro. "Se ele faz do meu jeito eu gosto, caso contrário, não."

O mais interessante é que, para estar bem, temos que nos abrir para o outro. Não podemos ter medo de nos abrir, de dar e receber. Hoje em dia as pessoas têm muito medo de receber. Criamos tantas barreiras que os relacionamentos acabam poluídos pelo ressentimento, pela inveja, pelo ciúme… Aliás, desde que surge, o amor raramente é puro, e não temos consciência disso.

BEL

Por que temos tanta dificuldade de receber amor? Parece que em nosso interior algo está bloqueado. É como se, ao receber amor, não conseguíssemos assimilá-lo.

Certa vez perguntei a Lama Gangchen Rinpoche: "Como abrir o coração para receber amor?". Ele respondeu que temos dificuldade tanto em dar como receber, porque estamos contaminados por uma cultura na qual os cinco sentidos são usados de modo violento: "Em geral, falamos e escutamos com violência. Por isso, nossa tendência é negar e reagir contra o que os outros nos dizem. É muito difícil receber algo de quem nos olhou de modo negativo. Estamos fechados para escutar os outros, até quando eles têm algo de bom para nos oferecer. Dizemos 'sim, sim', mas depois fazemos as coisas do jeito que queremos. Nossa mente está fechada. Como estamos bloqueados para os outros, não recebemos seu amor."

Capítulo 52

Os sete passos para desenvolver o Grande Amor

LAMA MICHEL RINPOCHE

O processo de desenvolver o Grande Amor é longo e nada fácil. Um objetivo de vida.

BEL

Ter uma visão geral do processo nos ajuda a respeitar as etapas do desenvolvimento do Grande Amor. Em geral queremos ir logo para o resultado. Como é esse processo?

LAMA MICHEL RINPOCHE

Existem no budismo três grandes abordagens: os textos filosóficos, as práticas de meditação e os ensinamentos, que são verdadeiros manuais para a transformação da mente. O desenvolvimento do amor está descrito nos *Sete passos de causa e efeito da mente bodhichitta*, que faz parte das escrituras do caminho Mahayana do budismo tibetano, cujo propósito é abandonar completamente os venenos mentais e desenvolver ao máximo nosso potencial de ajudar todos os seres.

O primeiro dos *Sete passos de causa e efeito da mente bodhichitta* chama-se *mar-she*. É o momento de reconhecer todos os seres como nossas mães.

No segundo passo, *thrin dren-pa*, nos conscientizamos da gentileza de todos os outros seres e sentimos profunda gratidão. Por isso, no passo seguinte, *drin-so-wa*, desejamos retribuir a gentileza recebida. No quarto passo, *iwong djam-pa*, vamos desenvolver amor e simpatia ao meditar sobre o amor que surge da força de um profundo afeto. No quinto passo, *nyin-dje*, desenvolvemos a Grande Compaixão, para então ir para o próximo passo, *lak-sam*, que consiste em assumir a responsabilidade de fazer algo para que todos os seres sejam livres do sofrimento, mesmo que ainda não saibamos bem o que nem como. O sétimo e último passo, *djang tchub gui sem*, refere-se ao desenvolvimento da *bodhichitta*: a mente da iluminação.

Um passo leva a outro. A realização de cada um deles ocorre quando o objetivo se transforma numa atitude espontânea, que é profunda e não conceitual, mas no início isso é feito de forma artificial: criamos situações para nos autoinduzirmos ao Grande Amor.

BEL

É isso mesmo? Primeiro desenvolvemos o amor interiormente, por meio da meditação, seguindo estes sete passos, para depois colocá-lo em prática? Em nossa cultura, não contamos com a possibilidade de aprender o que é o amor antes de amar. Não há essa preparação interna, só preceitos morais. Também não estamos acostumados a refletir antes de agir. Achamos que, para amar, basta querer. Não tivemos uma educação não formal sobre nossos sentimentos.

LAMA MICHEL RINPOCHE

É verdade.

BEL

Compreender o amor e desenvolver a vontade de amar constitui a meta de muitas pessoas. Mas acreditar em nosso potencial de amar incondicionalmente é o mais difícil. Costumamos dizer que um sentimento assim tão grandioso é só para os iluminados, pelo caráter sagrado de um amor assim tão puro.

LAMA MICHEL RINPOCHE

Não vamos realizar esse amor de uma hora para outra, talvez nem mesmo em muitas vidas. Mas o grande sofrimento da existência é não amar. Sendo assim, é melhor colocarmos todo o nosso esforço para pôr em prática o que ensinam os textos. Temos que ler, sentar para meditar, observar nossa mente, fazer um verdadeiro esforço para ter atitudes às quais não estamos acostumados. Sair da zona de conforto.

Capítulo 53

Sair da zona de conforto

LAMA MICHEL RINPOCHE

Posso dizer que nos últimos anos eu aprendi uma coisa: muitas vezes o sofrimento ajuda, é preciso bater a cara para aprender. Enquanto não vemos o resultado daquilo que está acontecendo, não mudamos. No fundo, somos preguiçosos, não fazemos nada para mudar de verdade. Há momentos em que temos que fazer alguma coisa ou o resultado será ruim demais.

BEL

Quando estamos numa zona de conforto nos sentimos seguros, sem ansiedade, porque não corremos o risco de enfrentar nada que não seja familiar. É natural despender o menor esforço, até como forma de relaxar. A constância gera estabilidade. Mas sabemos, pelo menos intuitivamente, que é ingênuo viver como se algo pudesse permanecer sempre igual.

LAMA MICHEL RINPOCHE

Por isso a experiência direta da nossa mortalidade é tão importante. É claro que a ideia de encontrar segurança e previsibilidade é ilusória. Nunca sabemos o que vai ocorrer no momento seguinte. É uma loucura pensar que o mundo pode ser do jeito que pretendemos. Precisamos reconhecer o que nos incomoda. Olhar por dentro, ver o que está doendo.

BEL

Nesses momentos, podemos nos perguntar: "Prefiro viver profundamente ou conviver com o medo?". É claro que não queremos viver sob o medo, mas para tornar a vida significativa temos que escolher amar. O problema é acharmos que o Grande Amor é uma utopia.

LAMA MICHEL RINPOCHE

Eu gosto de acreditar em utopias. Elas nos movem, nos levam adiante. Senão, desistimos antes mesmo de começar. Talvez não seja uma utopia, mas sim, a importância de termos um objetivo alto, importante, que vá além da simples sobrevivência, como resolver problemas e ter prazeres. Mas qual é a direção que damos para nós mesmos?

BEL

Essa é uma questão existencial: qual é o objetivo de nossa vida?

LAMA MICHEL RINPOCHE

Eu tenho uma certa dificuldade de dizer "o nosso objetivo é esse", porque é preciso que ele venha do fundo do coração. É preciso que ele seja profundo e verdadeiro. Caso contrário a vida vai passando, e vamos acreditando em objetivos que não são nossos. São nos momentos em que saímos da zona de conforto que nos contestamos e fazemos as verdadeiras mudanças.

BEL

Sem vara curta não nos mexemos. Só quando uma situação se torna intolerável é que mudamos. Isso me fez lembrar de um Gueshe[46] que uma vez me disse: "Existem duas formas de mudar: pela inteligência ou pelo sofrimento. A maioria das pessoas muda pelo sofrimento."

---

[46] Gueshe é um monge graduado nos estudos filosóficos. A palavra é uma abreviação de *guewa'i shenyen*. *Guewa'i* significa virtuoso e *shenyen*, amigo espiritual.

LAMA MICHEL RINPOCHE

Muitas vezes pensa-se que a solução é mais difícil que o problema. Acabamos por criar uma zona de conforto dentro de nosso problema. Por isso, só saímos de uma situação quando assumimos que temos que mudar. Não podemos fugir das dificuldades.

BEL

Nem desistir de nossa capacidade de amar. Essa é uma boa motivação para sair da zona de conforto. Para confiar que esse processo não é uma utopia, podemos nos inspirar naqueles que souberam desenvolver o Grande Amor.

LAMA MICHEL RINPOCHE

Sem dúvida. *Bodhichitta*, a mente de Grande Amor, que deseja atingir a iluminação para o benefício de todos os seres, nasce da sabedoria, não da emoção. É um estado mental de consciência constante, porém não intelectual. Essa mente é gerada em sete passos, que têm como base a equanimidade.

Capítulo 54

Equanimidade, a base do amor

LAMA MICHEL RINPOCHE

Antes de iniciar os *Sete passos de causa e efeito da mente bodhichitta*, é preciso desenvolver a equanimidade: reconhecer que não há a mínima diferença entre nós e os outros, simplesmente porque todos nós sofremos, desejamos ser felizes e temos o mesmo potencial para atingir a felicidade. Seja um assassino, seja um corrupto, todo ser age acreditando que está fazendo o melhor para si mesmo. Achamos que qualquer ação, num determinado instante, é a coisa certa, é o que traz felicidade. E o que nos guia? A ignorância, a aversão, a raiva, o ciúme...

BEL

É difícil acreditar que um corrupto pensa que está fazendo o melhor para ser feliz quando prejudica tantas pessoas. Mas entendi que você não está se referindo a uma questão de respeito frente ao outro, mas sim o que ele faz para se sentir feliz. Quando aceitamos o fato de que todos nós queremos ser felizes, independentemente do que fazemos, temos que abandonar o hábito de julgar. A questão é outra. Simples assim.

Lama Michel Rinpoche

O desenvolvimento do amor e da compaixão andam junto também com o desenvolvimento da sabedoria de aceitar a realidade de cada pessoa. Veja o Rinpoche. Eu me maravilho com o amor, o carinho e a paciência que ele tem pelas pessoas com quem entra em contato. Ele vai lá, dá um conselho, explica, mas, como sabe que muitas vezes a pessoa não está preparada para entender, ele dá um tempo. Aí a pessoa faz uma besteira e ele está lá, do lado dela, e vai esperar o momento em que ela esteja pronta e amadurecida para entender e fazer aquilo que já explicou muito tempo antes. Por quê? Porque ele tem um verdadeiro respeito pelo outro.

Bel

Esse treino de relaxar e não julgar é um desafio para a vida toda. Sentir compaixão é um estado de atenção sobre o outro, sem apego aos resultados. Quanto equilíbrio precisamos ter!

Lama Michel Rinpoche

Quem somos nós para julgar quem merece e quem não merece a felicidade? O amor verdadeiro nos faz desejar, do fundo do coração, que o outro seja feliz. Se pudermos enxergar de fato a outra pessoa, independentemente de nós mesmos, ou seja, sem considerar o que ela significa para o *eu* e o *meu*, nós a amaremos de uma maneira ampla e ilimitada. O verdadeiro amor é equânime. Podemos amar igualmente todos os seres.

Há uma meditação muito simples, que pessoalmente gosto muito, para começarmos a gerar a *bodhichitta*, para desenvolver uma compreensão da equanimidade que vai além dos conceitos.

Meditação para desenvolver a equanimidade

Antes de iniciar, sente-se numa posição confortável. Inspire e expire calmamente, até sentir-se mais relaxado. Isso ajuda a concentração.

Visualize que você está num lugar amplo, bonito e puro. Pode ser diante de um lago, com montanhas, ou outro local de sua preferência. À sua direita, visualize seu pai, esteja ele vivo ou não, e outros homens de quem você gosta, como parentes, amigos e até conhecidos. À sua esquerda, sua mãe, esteja viva ou não, e as mulheres pelas quais tem afeto ou são importantes em sua vida. À sua frente, todos aqueles pelos quais sente aversão, os seres que geram os sentimentos negativos que se movem dentro de você. Pense que, atrás de você, estão todas as outras pessoas que lhe são indiferentes. São bilhões de pessoas.

Agora visualize à sua frente, mais ao alto, o seu objeto de fé, que representa a pureza do Grande Amor. No budismo, normalmente visualizamos Buddha Shakyamuni. Se você é cristão, pode visualizar Jesus Cristo. Ou, simplesmente, uma luz dourada.

Observe, pouco a pouco, cada ser que se encontra ao seu redor. Visualize todos malvestidos, doentes e sujos; esta é a representação de seus sofrimentos. Procure reconhecer, em seus olhos, que eles sofrem e desejam ser felizes.

Em seguida visualize que, do centro de seu objeto de fé, como do coração de Buddha ou de Jesus, saem raios de luz, que entram pelo topo de sua cabeça, descem pelo seu corpo, preenchendo-o completamente. Do seu coração saem agora raios de luz que penetram no coração dos seres à sua volta. Por meio dessa visualização, criamos familiaridade com o amor e a compaixão por todos os seres. Respire fundo e procure manter esse estado pelo resto do dia.

De uma coisa tenho certeza: se fizermos esta meditação por cinco ou dez minutos todos os dias, durante uma semana, quando encontrarmos uma das pessoas que visualizamos, teremos uma experiência nova. Não tenho a mínima dúvida disso.

Capítulo 55

Precisamos nos sentir próximos dos outros para desenvolver o amor

BEL

Você disse que o primeiro dos *Sete passos de causa e efeito da mente bodhichitta* é o reconhecimento de todos os seres como nossas mães.

LAMA MICHEL RINPOCHE

Inicialmente, devemos admitir o bem que a nossa mãe nos fez. A princípio, é natural o ser humano ter amor pela própria mãe; mas pode acontecer de esse sentimento não surgir com naturalidade.

BEL

Sem dúvida. Para muitas pessoas, pensar na relação com a mãe é um gatilho para desencadear ansiedade. Por isso, pode ficar muito difícil fazer esta meditação pensando nela. Mas entendo que é possível ter um sentimento de gratidão e proximidade por aqueles que um dia cuidaram de nós. No budismo, é natural pensar em renascimento, na ideia de que tivemos uma infinidade de existências e um número infinito de mães. Lembro-me uma vez que estava viajando com o Rinpoche no sul da Índia havia muitas horas. Estava meio sonolenta quando paramos num vilarejo para descansar um pouco. Quando abri os olhos dei de cara com uma velha horrorosa pedindo esmola. Levei um baita susto. O monge ao meu lado riu e disse: "Ela já foi sua mãe em outra vida". Ok, cada ser, em algum momento, já foi nossa mãe. Mas, como uma pessoa que não acredita em renascimentos pode lidar com essa ideia?

Lama Michel Rinpoche

É fundamental que aproxime a sua mente da mente dos outros, que sinta empatia por eles. Depois de gerarmos equanimidade por todos os seres conseguiremos nos aproximar deles. Não sentiremos amor verdadeiro e compaixão sem essa proximidade.

Bel

Lama Gangchen Rinpoche sempre enfatiza a importância de haver maior aproximação entre as pessoas. A relação entre médico e paciente é um bom exemplo. Quanto mais o paciente sentir-se próximo de seu médico, mais facilidade terá para seguir suas instruções com atenção. Do mesmo modo, a proximidade entre pais e filhos, parceiros, amigos e instituições desperta respeito, amor e abertura para a troca de ideias e o crescimento conjunto. Em locais sagrados isso é muito claro. Sempre que visitamos o mandala de Borobudur, na Indonésia, fico tocada pela proximidade afetiva que há entre os personagens esculpidos nas pedras. É comovente.

Rinpoche ressalta a diferença entre sentir-se próximo e sentir-se íntimo de alguém. Muitas vezes confundimos as duas coisas. Podemos nos sentir próximos e, ao mesmo tempo, mantermos nossa privacidade. A intimidade é um passo além da proximidade, mas não mais valioso. É apenas outro aspecto.

Lama Michel Rinpoche

Precisamos nos aproximar dos outros, pois só através deles desenvolvemos o amor. Este é um ponto importante. Recebemos muito de todos os seres. Muito. Temos que reconhecer isso para avançar mais um passo.

Bel

Como saber se realizamos o primeiro passo, ou seja, "reconhecer todos os seres sencientes[47] como nossas mães"?

---

[47] Todos os seres que possuem mente, como os deuses, humanos, animais e espíritos.

LAMA MICHEL RINPOCHE

Quando olharmos para qualquer ser e surgir em nós, de forma espontânea e natural, o pensamento de que temos com ele uma relação próxima, que ele não é um desconhecido qualquer e já recebemos muito
dele em nossas vidas.

Capítulo 56

Pensar que viveremos bem se nos afastarmos das pessoas com quem temos problemas é uma ilusão

LAMA MICHEL RINPOCHE

O próximo passo, *thrin dren-pa*, consiste em termos consciência da gentileza dos outros seres e por eles sentir gratidão.

BEL

Isso me faz lembrar que, em 1988, ano em que fundamos o Centro de Dharma da Paz, em São Paulo, Lama Gangchen Rinpoche nos escreveu uma carta em que afirmava o poder da gentileza. Ele nos contou que, em sua fuga do Tibete para a Índia, pelos Himalaias, sobreviveu graças à gentileza das pessoas que encontrou no percurso. Lembro-me de ele ter escrito algo como "a gentileza salva vidas". Naturalmente, quanto maior a gentileza entre as pessoas, maior será sua gratidão e o desejo de aproximação. Mas parece que as pessoas querem se afastar cada vez mais umas das outras. Você sente isso?

LAMA MICHEL RINPOCHE

Sinto que as pessoas são educadas para retribuir tudo o que recebem, mas não têm o discernimento do que é gratidão. Acontece que, ao lado dos outros, nos confrontamos com nós mesmos. Inevitavelmente.

Os outros são um espelho para nós, e isso nem sempre é fácil. Enquanto tentarmos evitá-los ou criarmos apenas relacionamentos superficiais, estaremos fugindo de nós mesmos. Lembro de um termo que você costuma usar: quanto mais equilíbrio temos, mais *colados* estamos em nós mesmos, mais fácil será nos relacionarmos com as outras pessoas, estar perto delas e amá-las.

Achar que viveremos bem se nos afastarmos das pessoas com quem temos problemas é uma ilusão. A realidade mostra o contrário. Crescemos como pessoas quando enfrentamos nossas dificuldades. Os relacionamentos são complicados porque somos complicados. Por exemplo, tenho um relacionamento de muita proximidade com o Rinpoche, nunca discutimos, porque nos dedicamos ao nosso desenvolvimento. Isso não quer dizer que pensamos sempre da mesma maneira. Temos pontos de vista e formas de agir diferentes por razões culturais ou pelo jeito de ser de cada um. Mas permanecemos sempre numa relação harmoniosa.

Capítulo 57

Temos que educar nosso cérebro para sentir gratidão

Lama Michel Rinpoche

Quantas pessoas colaboraram para o nosso bem-estar? De quantas pessoas depende o fato de estarmos juntos agora? De muitas e muitas. Não há ninguém que não tenha nada a ver conosco, estamos todos interligados. Devemos então nos lembrar disso e sentir gratidão.

Mas veja como funciona a nossa mente: gostamos de quem nos faz o bem, não gostamos de quem nos faz o mal. Mas quantos são os seres que nos fazem o bem e quantos são os que nos fazem o mal? O nosso bem-estar depende de quantos seres? E de quantos dependem o nosso desconforto e inquietação? O mal que nos atinge depende principalmente de nós mesmos e o bem, de muitos outros seres além de nós. Essa é a verdade.

Bel

A gratidão, no sentido em que você está falando, não é um valor cultivado pela sociedade moderna. Vivemos numa cultura individualista, onde prevalece o pensamento "eu me fiz sozinho, tudo o que sou devo a mim mesmo". Pensar assim é visto como ter uma boa autoestima. Em outras palavras, quanto mais independente formos, melhor seremos.

Lama Michel Rinpoche

No budismo, gratidão é um princípio muito importante. Se não tivermos gratidão, não iremos crescer no caminho espiritual. Devemos ter reconhecimento pelo que nos dão. Dizem os mestres que, se não sentirmos gratidão pelo que os nossos pais fizeram, não há esperança no caminho espiritual. Foram deles que primeiro recebemos. Mas o que acontece? Somos muito estranhos! Basta uma pessoa errar em algum ponto que deixamos de reconhecer tudo o que recebemos dela. Por exemplo, saímos com alguém para almoçar, batemos um papo legal, foi tudo ótimo, mas na hora de pagar a conta ele fez algo que nos desagradou. Qual é a nossa lembrança do almoço? Boa ou ruim? Ruim! Mas por que manter a lembrança ruim se noventa e cinco por cento do tempo foi bom? Porque somos ignorantes, não vejo outra explicação.

Bel

A Neurociência explica por que isso acontece. O neurocientista alemão Stefan Klein, esclarece porque um momento desagradável pode estragar tudo: "A memória lida livremente com a realidade que percebemos e às vezes alguns segundos de chateação influenciam mais o ânimo que duas horas de alegria. A mente pinta a realidade com suas próprias cores e é comum ela transformar a verdade exatamente no contrário. [...] Cada estímulo exterior desencadeia vários milhões de sinais no cérebro, e assim esse órgão dispõe de um número extraordinário de possibilidades para manipular os fatos. E ele não deixa de aproveitá-las. [...] Isso ocorre porque não existem parâmetros objetivos que nos permitam verificar o que de fato sentimos em determinado momento do passado. Enquanto as emoções podem ser identificadas pelas reações físicas que desencadeiam, os sentimentos permanecem ocultos em nosso íntimo. Eles existem apenas no cérebro. Desta forma, quando esse órgão apaga seus rastros, tudo o que nos resta são indícios indiretos"[48].

---

[48] KLEIN, Stefan. *A fórmula da felicidade*. Rio de Janeiro: Sextante, 2005. p. 191.

O fato é que nosso cérebro busca, registra, armazena, recorda e reage preferencialmente às experiências desagradáveis, para aprendermos a nos defendermos do que nos causa dor. Devido à essa tendência, é preciso um maior empenho para interiorizarmos as experiências positivas e cicatrizarmos as negativas. Temos que educar nosso cérebro para sentir gratidão e lembrar dos bons momentos vividos.

LAMA MICHEL RINPOCHE

Nós temos mesmo muita dificuldade de reconhecer o lado positivo das coisas e do que recebemos das pessoas. Mesmo se alguém nos fez mal em algum momento, não há desculpa para esquecermos o que nos deu de bom. Devemos ainda ter a mesma gratidão tanto por nossos amigos como por nossos inimigos. Alguns textos dizem que a gratidão pelos inimigos deve ser até maior. Se não fossem eles, não teríamos condições para praticar a paciência, a compaixão... É fácil ter compaixão pelas pessoas de que gostamos. Difícil é sentir compaixão por aquelas de que não gostamos. Mas, se não fosse por elas, nunca poderíamos desenvolver nossas qualidades positivas.

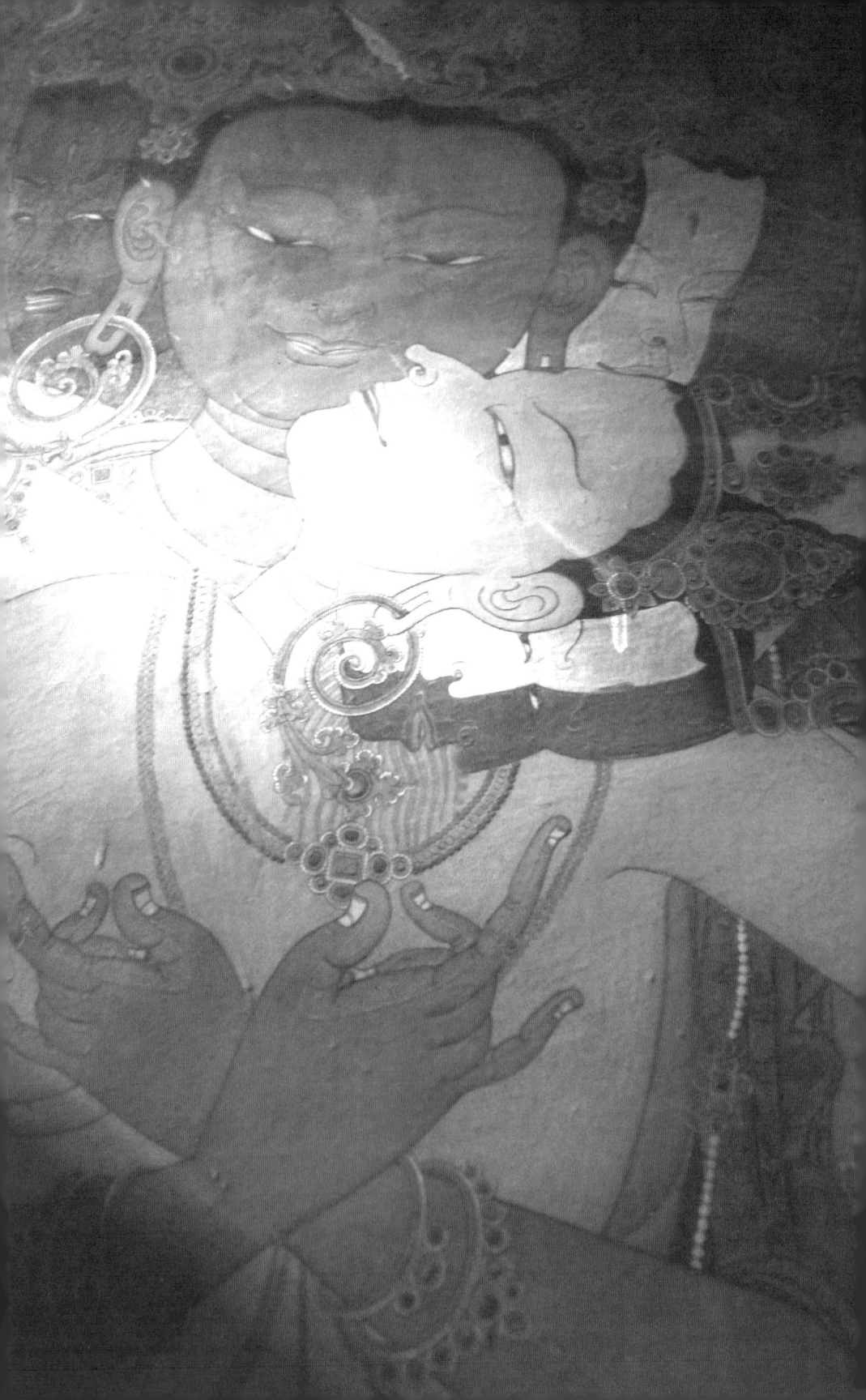

Capítulo 58

A sabedoria de retribuir gratidão respeita a capacidade do outro de receber

BEL

No primeiro passo reconhecemos todos os seres como nossas mães, depois sentimos profunda gratidão. Agora vamos desejar retribuir a gentileza recebida. Todo esse processo ainda é feito em meditação?

LAMA MICHEL RINPOCHE

Sim, pois todos esses passos são estados de consciência que nos levarão a criar familiaridade com esses sentimentos e condições para realizá-los. Se nos dedicarmos, haverá um momento em que, ao nos encontrarmos com um ser, esses estados de consciência surgirão de forma espontânea.

BEL

Muitas vezes quis retribuir a gentileza que recebi de uma pessoa e senti um bloqueio da parte dela. Isso fez com que eu me retraísse. Com o tempo, notei que estava ressentida e perdi a espontaneidade. Depois compreendi que podia dar para outras pessoas o que dela havia recebido. E, assim, a energia acumulada em mim voltou a circular. Apesar disso, não abri mão do desejo de retribuir-lhe favores. Mas ela não estava aberta para receber nada de mim. Aprendi, com o tempo, que precisaria aguardar alguma dica para agir. Muito devagar, isso vêm acontecendo. Sinto que a sabedoria está em retribuir respeitando a capacidade que o outro tem de receber. Você já passou por algo semelhante?

LAMA MICHEL RINPOCHE

Tenho que parar para pensar um pouco... Já passei pela situação de tentar retribuir uma gentileza para uma pessoa e ela não entender. Por isso, não conseguiu receber o que eu tinha para dar. Acontece muito. Uma coisa é ter motivação para retribuir algo, outra é ter a sensibilidade e a sabedoria para agir da melhor maneira possível. Cada um possui uma forma de pensar e ver o mundo, e nem sempre é a forma que achamos ser a melhor. Podemos até ficar ofendidos pelo fato de uma pessoa não aceitar o que oferecemos, pois acreditamos que é o melhor que temos a dar. Achamos, então, que ela está nos rejeitando. Nessa situação, antes de mais nada, precisamos ter clareza de que estamos fazemos algo para a outra pessoa e não para nós. Isso exige ir além da maneira que normalmente pensamos.

Imagine ter que abrir uma porta sem a chave correta para a fechadura. É necessário ir devagarinho, até encontrar um jeito de abri-la. Não podemos nos frustrar na primeira tentativa. Precisamos ter compaixão por nós mesmos; entender que temos os nossos próprios limites e o outro tem os dele; saber respeitar o tempo e o espaço do outro, até o momento em que ele estiver pronto para receber e nós tivermos a chave correta para agir.

Uma vez, numa determinada situação, entendi que a melhor forma de contribuir para o que estava acontecendo era não fazer nada. Qualquer coisa que eu fizesse, mesmo pensando que seria o melhor, só iria piorar tudo. Com frequência, por causa do nosso ego, sentimos a obrigação de fazer alguma coisa. Queremos simplesmente ajudar, mas não para que o outro se sinta melhor.

BEL

A necessidade de retribuir pode gerar até um sentimento de urgência: "Tenho que encontrar um modo de agradecer". Buscamos nos aliviar porque temos dificuldade de nos sentir merecedores. Aprendi que o sentimento de gratidão é que nos ajuda a aguardar a hora certa de agir.

Capítulo 59

A Era do Vazio é a substituição de toda afetividade pela indiferença

LAMA MICHEL RINPOCHE

Depois de gerarmos o desejo de retribuir a gentileza recebida, chegou o momento de conhecer os problemas dos outros seres e ajudá-los. Nesta etapa, *iwong djam-pa*, vamos desenvolver amor e simpatia ao meditar sobre o profundo afeto que surge da força de amar todos os seres como se fossem nossos filhos.

BEL

Amar todos seres como se fossem nossos filhos é nos sentirmos profundamente ligados a eles. Por exemplo: quando os filhos estão bem, os pais sentem-se bem; mas basta os filhos sofrerem para os pais sofrerem também. Nosso sentimento de compaixão está mesclado com apego e ignorância.

Noto que os lamas se emocionam quando ocorre algo triste, mas isso não os desequilibra. Temos tanto apego pelos filhos que qualquer coisa que aconteça com eles já nos deixa inquietos. Precisamos aprender como lidar com a nossa mente apegada sem cair na indiferença.

LAMA MICHEL RINPOCHE

Os Buddhas não sofrem nem são indiferentes.

BEL

Talvez um dos grandes desafios da nossa era seja desenvolver amor e simpatia, pois tudo tornou-se descartável, até os relacionamentos entre pais e filhos, irmãos e amigos.

Ivan Capelatto cita o filósofo francês Gilles Lipovetsky[49] para ilustrar o que vivemos atualmente, quando comenta que a Era do Vazio é a substituição de toda afetividade pela indiferença. É uma forma não afetiva de conviver, ou melhor, coexistir com as pessoas. Desse modo, não há como temer a perda de um amor porque, simplesmente, não há amor e, supostamente como consequência, nem sofrimento. Lipovetsky diz que a indiferença é a troca do bom pelo belo, do ético pelo estético. Isso implica, por exemplo, o medo de envelhecer, quando se perde a beleza e a vitalidade, e o desinteresse pelas gerações futuras. O atual investimento feito para as crianças é intelectual, não afetivo.

LAMA MICHEL RINPOCHE

Indiferença é uma forma de violência diante do sofrimento. Como é possível ser indiferente diante da dor? Se ignorarmos os seres vivos, estaremos ignorando a nós mesmos, negando a nossa própria natureza humana. Além disso, não podemos ser indiferentes aos outros porque somos constantemente influenciados por eles. Uma pessoa pode pensar que nada pode atingi-la, que está acima de tudo. Não é bem assim. Quando estamos perto de uma pessoa insatisfeita, sentimos que ela nos afeta com seu mal-estar. Algo emana dessa pessoa.

Cada um de nós tem um campo eletromagnético, que emite ondas numa determinada frequência, de acordo com seus sentimentos e emoções. Se eu estiver perto de uma pessoa que emana amor, gradualmente vou me adaptar à sua influência positiva e, aos poucos, estarei aberto para sentir o mesmo que ela.

---

[49] Filósofo francês, teórico da Hipermodernidade.

BEL

Em meados de 1990, cientistas italianos revelaram a descoberta dos neurônios espelhos, "células inteligentes" do cérebro que nos permitem entender as ações, intenções e sentimentos dos outros. Esses neurônios explicam por que "lemos" as mentes de outras pessoas e sentimos empatia por elas. São como radares que nos levam a perceber o que está acontecendo à nossa volta. Esse mecanismo é involuntário. Não temos que pensar sobre o que os outros sentem para senti-los. Simplesmente os sentimos. Somos todos influenciados pelo ambiente, mas algumas pessoas têm uma capacidade maior de se conectarem com outras.

Capítulo 60
O desenvolvimento da Grande Compaixão

Lama Michel Rinpoche

No quinto passo, *nyin-dje*, iremos desenvolver a Grande Compaixão, que é o desejo profundo de que todos os seres sejam verdadeiramente livres sofrimento.

No sentido mais comum, usado aqui no Ocidente, a palavra compaixão, que vem do latim, significa "compartilhar o sofrimento", "sofrer pelo sofrimento do outro". Paixão significa "grande sofrimento". Mas o termo correspondente no budismo tibetano, *nyin-dje*, traz outro conceito: "desejar que o outro seja livre do sofrimento".

Existem dois tipos de compaixão: a passiva e a ativa. Na versão passiva, desejamos apenas que o outro não sofra, porém não fazemos efetivamente nada para que isso aconteça. Na ativa, nos comprometemos a fazer tudo o que estiver ao nosso alcance, pois temos condições de ajudá-lo.

Bel

Podemos até ter condições de ajudar uma pessoa, mas é preciso ter consciência do problema pelo qual ela está passando e perceber se está receptiva para o que temos a oferecer. Sempre me lembro do que Guelek Rinpoche nos disse certa vez: "Para ajudar uma pessoa, é preciso que ela tenha um projeto no qual queira ser ajudada". Muitas vezes, quem mais necessita de ajuda tem o coração fechado, porque se sente vulnerável, humilhado ou não tem confiança nos outros.

Outra coisa que pode acontecer é não estarmos preparados para ajudar alguém numa determinada situação. Por isso nós, terapeutas, precisamos sempre nos aprimorar e cuidar de nós mesmos para cuidar dos outros.

Lama Michel Rinpoche

Se for necessário esforço físico para ajudar alguém e eu estiver cansado e fraco, como poderei fazer isso? Não tem como. Cuidar de nós mesmos não é egoísmo, nem deve gerar sentimento de culpa. Quanto mais trabalharmos nossa mente, mais beneficiaremos os outros.

Quantas vezes me perguntaram como um monge ou um iogue, que passam anos meditando, têm compaixão? Com tantas pessoas precisando de ajuda, eles ficam lá, sozinhos... Onde está a compaixão? Está no fato de reconhecer que o sofrimento vai muito além do desconforto físico, que é resultado da ignorância, do egoísmo, da raiva, da inveja, do ciúme, da ganância e assim por diante.

Os grandes praticantes reconhecem que só desenvolvendo a sabedoria, o equilíbrio e lidando com os próprios venenos podem ajudar os outros de forma profunda e verdadeira. Passam anos meditando com essa finalidade, e não tem nada de egoísta nesse processo. É necessário não separar o que dedicamos de bom para nós mesmos do que dedicamos de bom para os outros, quando fazemos algo com o coração aberto.

Capítulo 61

Quando respeitamos os nossos limites, amar e ter compaixão jamais se transforma em sacrifício

BEL

Seria interessante você falar mais sobre a importância de mantermos o coração aberto e, ao mesmo tempo, respeitarmos os nossos limites.

LAMA MICHEL RINPOCHE

É importante ter clareza de até onde podemos chegar, reconhecer o nosso próprio espaço. Certas vezes sentimos culpa por não corresponder ao que esperam de nós, ultrapassamos os nossos limites e acabamos nos colocando para baixo. Desrespeitamos quem somos. É bom lembrar que amamos com aquilo que somos. Temos os nossos defeitos, o outro tem os dele. Também não devemos subestimar ou julgar ninguém, porque não dá para saber se quem está na nossa frente é um Buddha. Podemos, mais adiante, contar a história de Assanga.[50]

BEL

Quando respeitamos os nossos limites, amar e ter compaixão jamais se transformam em sacrifício, não é verdade?

LAMA MICHEL RINPOCHE

Jamais. Imagine a seguinte situação: você está num quarto gostoso, vivendo um momento de muita tranquilidade e prazer, recebendo uma

---

[50] Ver no Apêndice a história de Assanga.

massagem ou comendo uma coisa muito boa. De repente fica sabendo que, no quarto ao lado, a pessoa que você tanto ama corre perigo por causa de um incêndio. Ela está quase se queimando e você pode ir até lá para ajudá-la. Mas tem que interromper seu prazer, respirar fumaça e talvez até se queimar. O que é mais difícil: levantar e ajudar a pessoa que você ama ou permanecer naquela situação prazerosa? Ficará alegre e feliz por salvá-la naquele momento? Sim. Quando amamos verdadeiramente, surge um sentimento espontâneo de compaixão. Então, ajudar não é nenhum sacrifício, mesmo que dê trabalho.

BEL

O amor tem limites?

LAMA MICHEL RINPOCHE

Não podemos levar a felicidade até o outro nem eliminar seu sofrimento. Aí está o limite, o nosso limite. A única coisa que podemos fazer é interagir de forma positiva, para que o outro seja feliz. Há mil formas de interagir positivamente, porém a mudança só depende do outro.

O que é, então, limite? É o que posso e o que não posso fazer. Em termos práticos, é até onde é possível chegar. Não estou falando de sentimento, porque isso sim não tem limites. O limite do sentimento de amor é o nosso próprio egoísmo, é amar o outro através do *eu* e do *meu*. O Grande Amor é amar os seres independentemente de quem eles são.

Num nível bem prático, a única coisa a fazer é interagir com os outros de uma forma positiva, com atitudes, pensamentos, palavras e até com ajuda material. São muitas as formas e graus de interação. Costuma-se dizer que, quando uma pessoa está num nível mais grosseiro, temos que interagir com ela num nível mais material. Uma vez que suas necessidades foram satisfeitas, podemos interagir no nível emocional e intelectual, para devagarzinho direcionar sua mente a experiências positivas, que levarão a uma transformação.

Nessa interação, é preciso ter flexibilidade para se adaptar às necessidades alheias. Caso contrário, não há como interagir de uma forma positiva e chegar a um bom resultado.

Capítulo 62

Visões distintas sobre felicidade geram sérios conflitos

Lama Michel Rinpoche

O próximo passo, *lak-sam*, consiste em assumir a responsabilidade de fazer algo para que todos os seres sejam livres do sofrimento, mesmo que ainda não saibamos o que nem como. Até o passo anterior, nos comportamos de uma forma completamente passiva: reconhecemos que todos os seres são iguais; conseguimos ter uma relação direta e muito próxima com todos eles; recebemos muito e quisemos retribuir; desenvolvemos um forte sentimento de afeto e simpatia; e desejamos que todos se libertassem do sofrimento. Neste sexto passo, desenvolvemos o amor ativo e fazemos todo o possível para ajudá-los.

Bel

Mas como fazer isso se não tivermos o mesmo conceito de felicidade?

Lama Michel Rinpoche

Para nos relacionarmos verdadeiramente, é fundamental compreender o que é felicidade. Já vi pessoas que se amavam mas, por terem conceitos tão diferentes sobre felicidade, não acreditavam naquele amor. Vamos supor que, para mim, felicidade é ficar meditando numa montanha, sem luz nem água. Aí digo para uma pessoa que amo muito:

"Consegui um lugar tão legal para a gente ficar! Nem água tem! Já marquei as passagens, está tudo certo. Bem cedinho, antes do nascer do Sol, vamos buscar água no riacho. Depois podemos passar o dia inteiro lendo e meditando. Vai ser maravilhoso!" Só que a pessoa não gostou da ideia, seu conceito de felicidade é outro e nega-se a ir. Aí você se surpreende: "Como não vai!? Você não quer a minha felicidade?" "Claro que quero!", ela diz. "Então por que prefere um hotel cinco estrelas, ficar parte do tempo vendo televisão e depois sair para dançar ou ir ao cinema?" "Porque felicidade é isso", ela explica. Este é um exemplo bobo, simplista, mas serve para refletirmos sobre questões mais graves. Visões distintas sobre o que é felicidade geram sérios conflitos.

Capítulo 63

O ser humano não existe, intrinsecamente, nem como bom nem como mau

BEL

Na etapa anterior *lak-sam*, com a realização do amor ativo, assumimos a responsabilidade de fazer algo para que todos os seres sejam livres do sofrimento. O que falta agora?

LAMA MICHEL RINPOCHE

Atingirmos a iluminação.

BEL

O sétimo e último passo, refere-se ao desenvolvimento da *bodhichitta*. O estado de iluminação é o resultado de um grande trabalho interior de amor e sabedoria. Atingir a iluminação não significa voltar a um "estado original", como pensam muitos que creem que a natureza humana seja fundamentalmente bondosa e pacífica.

LAMA MICHEL RINPOCHE

O ser humano não existe, intrinsecamente, como bom ou mau. Tanto a bondade quanto a maldade não existem de forma intrínseca, como já falamos. Se o ser humano fosse intrinsecamente puro em sua natureza, bondoso e tudo mais, por que criaria condições negativas? Não são as condições que nos tornam negativos, mas sim a nossa ignorância.

A ideia de que somos puros e nos tornamos impuros não tem lógica. Há quem pense: "Sou um ser de natureza maravilhosa; por alguma razão me tornei um ser impuro". Como algo puro se torna impuro? Como nos tornamos egoístas, arrogantes, covardes e miseráveis?

É o mesmo que dizer que algo perfeito torna-se imperfeito. Se algo é puro, é puro! Não pode se tornar impuro. Puro é algo que não pode ser poluído, não pode ser desvirtuado.

Nos textos antigos de Shantideva, ele diz que somos seres infantis porque somos egoístas, vivemos obcecados pela autogratificação. Covardes, porque temos medo de sofrer, o que nos leva a sofrer ainda mais. E miseráveis, por sofrermos como consequência de sermos infantis e covardes.

BEL
O que é a ignorância?

LAMA MICHEL RINPOCHE
Em sânscrito, a palavra ignorância é *avidya*. *A* é uma forma de negação, *vid* quer dizer "ver" – que deu origem à palavra latina *videre*. Ignorância, então, significa "não ver". Somos ignorantes porque não vemos. Podemos diminuir nossa ignorância se abrirmos os olhos para ver o que antes não víamos.

Nossa mente sempre foi impura, mas pode tornar-se pura. Podemos nos tornar seres de perfeito amor e sabedoria? Sim, mas não porque somos intrinsecamente puros e, em alguns momentos, impuros. Mas sim porque somos seres interdependentes. Dependemos da forma como nos relacionamos com os fenômenos. Somos o *continuum* daquilo que fazemos.

BEL
Daí a importância de nos mantermos numa rede de interdependência positiva. Certa vez, conversando com o Rinpoche sobre a importância de não nos envolvermos em intrigas, ele disse: "Buddha desistiu da negatividade. Ele não foi um rebelde, simplesmente rompeu com o que não o interessava mais: as condições que despertavam sua ignorância."

Concluindo, a mente impura é condicionada e dotada de muito sofrimento. A mente iluminada está livre dos condicionamentos negativos e é dotada de inúmeras qualidades positivas.

Capítulo 64

O valor que damos ao compromisso é o que nos dá força para continuar

Lama Michel Rinpoche

Agora já temos clareza de que queremos atingir a iluminação para o benefício de todos os seres. No momento em que esse sentimento vier de forma espontânea, a *bodhichitta* foi gerada. *Bodhi* significa "iluminação" e *chitta* quer dizer "mente". A tradução da palavra sânscrita *bodhichitta* é "mente de iluminação". Imagine não ter mais ignorância, raiva, rancor, ódio, inveja... Se sentimos prazer quando estamos perto de uma pessoa que amamos, imagine como é sentir isso perto de todos. Este é um dos grandes poderes da *bodhichitta*.

Com certeza a *bodhichitta* não vai nascer de um dia para outro. Ninguém vai dormir e acordar um *bodhisattva*. Isso exige um trabalho cotidiano, um esforço nas pequenas situações que enfrentamos. Dizem que um processo gradual equivale a fazer fogo com madeira. O que acontece se eu esfregar várias vezes a madeira? Ela ficar quente a ponto de pegar fogo. E se eu parar? Esfria. Depois preciso começar tudo de novo. Se meditarmos por um longo período para gerar a equanimidade, e conseguirmos algum progresso e depois pararmos por semanas ou até meses, na hora em que retomarmos não estaremos mais naquele ponto em que paramos.

BEL

Rinpoche certa vez nos disse: "Se o benefício de algo é maior do que a dificuldade, não devemos medir esforços em realizá-lo". Creio que a nossa dificuldade está em deixar de lado a expectativa de resultados rápidos. Como na sociedade atual algo só é bom se funcionar logo, nos focamos mais nos efeitos. É muito difícil abandonar o hábito de avaliar se uma coisa é boa ou não por ser rápida ou não. Precisamos ser perseverantes e pensar: "Não importa se ainda não obtive algum resultado. Confio neste método, vou continuar". A perseverança deve estar na causa, não no efeito. Isto é pensar de uma forma nova.

LAMA MICHEL RINPOCHE

É assim mesmo que funciona. Não devemos criar a expectativa de desenvolver a *bodhichitta* depois de um ano de meditação. Esqueça! Ela se desenvolve, com certeza, quando menos esperarmos. Foi o que aconteceu com Assanga, depois de doze anos de prática.

BEL

Sempre fico admirada com a perseverança dos lamas. Eles nunca dizem que não há nada a fazer. Sempre seguem em frente. Reconstroem mosteiros que foram totalmente destruídos e fazem planos em longo prazo que vão se concretizar após a sua morte. Como, por exemplo, Denma Gonsar,[51] que reconstruiu seu monastério antes de falecer, e agora a sua reencarnação já foi reconhecida e irá dar continuidade aos projetos.

---

[51] Mestre da tradição Gelugpa, Denma Gonsar foi um dos dez lamas mais importantes do Tibete. Nasceu em 1930 na cidade de Lhokha. Quando completou 3 anos, o 13º Dalai Lama o reconheceu como um *tulku* (a reencarnação de um lama). Aos 10 anos já havia completado a memorização de milhares de páginas de todas as preces e práticas utilizadas em seu monastério. Com 20 anos recebeu o título de *Gueshe Lharampa*, doutor em filosofia budista, o que é admirável em tão tenra idade. Foi preso durante a ocupação chinesa, aos 29 anos. Libertado em 1961, assumiu o cargo de vice-representante de diferentes áreas do interior do Tibete. Antes de falecer, em 2005, deu instruções para seus alunos irem em busca de sua próxima reencarnação. Assim, o 20º Denma Gonsar Rinpoche foi encontrado, aos 6 anos, em uma família na cidade de Chatreng, onde se encontra o monastério de Trijang Rinpoche, principal mestre de sua vida anterior.

LAMA MICHEL RINPOCHE

Em geral temos dificuldade de dar continuidade àquilo que é de benefício para nós. Seja do ponto de vista físico, como cuidar da saúde, seja do ponto de vista mental e espiritual como fazer uma meditação. No começo fazemos direito. Depois, quando nos sentimos um pouco melhor, paramos. Só notamos o resultado de muitas coisas depois de um longo tempo.

Eu me lembro muito bem quando Guen Lagpa me contou que nunca havia deixado de fazer sua prática de Yamantaka,[52] desde que tinha 17 anos. Até mesmo nos momentos mais difíceis quando estava fugindo do Tibete. Quando me falou isso ele devia ter uns 73: "Olha, eu só comecei a entender o que estava fazendo quando eu tinha uns 50 anos". Ele passou mais de trinta anos praticando sem entender muito o que estava fazendo, mas dava continuidade, pois tinha o compromisso de fazê-la. É o valor que damos ao compromisso que nos dá força para continuar.

---

[52] A prática de Yamantaka pertence ao Anuttarayoga Tantra, a mais alta classe do tantra budista tibetano. Yamantaka é uma manifestação irada de Manjushri, o Buddha da Sabedoria, e transforma a violência que destrói a nossa energia vital nos níveis externo, interno e secreto.

Capítulo 65

Mérito é a energia que sustenta a sensação positiva

LAMA MICHEL RINPOCHE

Duas coisas são necessárias para atingir a iluminação: acumular méritos, ou seja, gerar energia positiva, e desenvolver sabedoria, a correta visão da realidade.

BEL

Acumular méritos é uma expressão própria do budismo.

LAMA MICHEL RINPOCHE

Mérito em sânscrito é *pu-nhia* e em tibetano *so-nam*. Podemos traduzi-las como mérito, energia positiva, *karma* positivo, ações virtuosas. Mas a realidade é que, como não temos esse conceito em nossa cultura, não temos uma palavra para traduzi-lo corretamente. O conceito de gerar energia positiva é difícil de ser compreendido porque em nossa cultura ele simplesmente não existe. Méritos são ações virtuosas que geram resultados positivos.

Criamos causas e, quando surgem as condições, elas amadurecem. Quando existem todas as condições para algo positivo ocorrer e não ocorre, é porque faltam méritos. Às vezes temos méritos, mas as condições não estão maduras, então temos que aguardá-las.

Para compreender este conceito vamos começar pelo resultado de ter méritos. Todos nós desejamos ser felizes. Todos os dias saímos em busca de objetos de desejo, porque estamos em busca da sensação de prazer e satisfação e não do objeto em si. É muito bom observar o mundo a partir desta ótica, porque assim desenvolvemos a sabedoria de cultivar a sensação de que ela não depende do objeto, mas da maneira como nos colocamos diante dele.

O que buscamos não é o objeto, mas a sensação de prazer e satisfação. Quanto temos raiva, não buscamos eliminar coisas, pessoas e situações, mas a sensação de sofrimento. Este é o primeiro conceito que temos que entender.

O segundo conceito é o de que as coisas não ocorrem de forma imediata e linear. Quando experimentamos uma situação, sua causa não é imediata, é anterior a ela. Primeiro vem a causa, depois se criam as condições, que então manifestam o resultado. Quando uma doença se manifesta é porque suas causas foram criadas anteriormente. A maioria das pessoas não analisa as causas de um problema, porque só analisam a situação imediata. Se observamos o problema gravíssimo de violência que estamos vivendo na cidade de São Paulo, nos perguntamos, quando ele começou. Suas causas são acumuladas por séculos! Desde a colonização, a escravidão para chegar até onde estamos hoje. Outro dia vi uma frase interessante num caminhão: "Todo camburão tem um pouco de navio". Temos um problema histórico que vivemos hoje na pele. Então, a solução também não é imediata. É preciso gerar uma situação oposta àquela que foi gerada anteriormente, para que daqui a algumas gerações ela deixe de existir. É preciso ter a sabedoria de olhar o que aconteceu ao longo do tempo. Então, se quisermos que algo aconteça, temos antes de tudo que criar causas, porque senão as condições podem estar presentes e não teremos como aproveitá-las.

Se nosso objetivo é ter prazer, alegria e satisfação, temos que criar suas causas. Quem já não esteve numa situação com tudo para estar bem e se sentiu mal? É como ter o melhor prato de comida e não ver graça nenhuma nele.

Mérito é a energia que sustenta a sensação positiva. Se tivermos poucos méritos, a sensação logo acaba, mesmo quando as condições permanecem.

Capítulo 66

Sem méritos, a sensação de alegria não virá

BEL

Há um trecho no livro *L'arte buddhista di saper morire*[53] (A arte budista de saber morrer), de Lama Yeshe,[54] que sempre me tocou muito. A primeira vez que o li foi em 1994, quando estávamos em Sera Me, para a sua entronização. Ele escreve: "Os prazeres mundanos derivam do bom *karma*, das ações positivas que vocês realizaram no passado, de todas as formas de prazer que experimentaram. Também o prazer de degustar um pedaço de muçarela deriva de um bom *karma*. Quando digo um bom karma, significa que há uma conexão entre nós e o pedaço de muçarela; se não houvesse, o simples contato de colocar a muçarela na boca não causaria prazer. É isso que significa *karma* positivo. Mas o problema é que normalmente perdemos o controle nessas experiências, nos tornamos obsessivos e deprimidos. Por exemplo, quando vou para outros países do mundo, como a Inglaterra, a minha mente obsessiva pela muçarela me provoca insatisfação, porque quando vou comprar a muçarela e lhes digo: 'Não me parece de fato muçarela', eles falam:

---

[53] YESHE, Lama. *L'arte buddhista di saper morire*. Pomaia: Chiara Luce Edizioni, 1992. p. 11.

[54] Lama Thubten Yeshe (1935-1984) nasceu no Tibete e, aos 6 anos de idade, entrou para o Monastério de Sera, em Lhasa, onde estudou até 1959, ano da ocupação chinesa. Exilou-se na Índia e, junto com Lama Zopa Rinpoche, veio para o Ocidente em 1974, onde criaram a Fundação para a Preservação da Tradição Mahayana.

'Não, não, é muçarela'. Como não é a muçarela italiana, surgem os problemas. Não é preciso sentir culpa quando experimentamos os prazeres mundanos, o que precisamos fazer é observar a nossa mente." Lama Yeshe nos aconselha a deixar nossa mente limpa e pura cada vez que sentirmos prazer, em vez de nos apegarmos às sensações prazerosas, senão teremos problemas.

LAMA MICHEL RINPOCHE

Existem três tipos de sensações: de prazer, de desprazer e neutra. As sensações de prazer são todas aquelas que queremos que não acabem e voltem o mais rápido possível; as sensações de desprazer são todas aquelas que queremos acabem o mais rápido possível e não voltem mais; e as sensações neutras são aquelas indiferentes.

O *karma* positivo se manifesta nas sensações de prazer e o negativo, nas de desprazer. As sensações de prazer resultam dos méritos que acumulamos no passado com nossas ações virtuosas. É importante termos situações de prazer com as quais podemos gerar méritos. É o que acontece no amor, quando temos uma sensação de prazer e continuamos a gerar mais energia positiva. O problema surge quando temos sensações de prazer que não geram energia positiva. Em nosso estilo de vida consumista, vivemos em busca de condições prazerosas e não pensamos nas causas que estamos criando. O problema é que, muitas vezes, para ter uma situação de prazer, geramos causas negativas, como inveja, ciúme ou aversão. As causas de méritos são as ações realizadas com uma intenção virtuosa, e a principal é a generosidade: compartilhar tempo, experiência, conhecimento e bens materiais.

Em nossa sociedade moderna, cada vez existem mais condições de prazer. No entanto, a insatisfação só tem aumentado. Guen Lagpa me dizia: "Tome cuidado ao comprar muitas coisas. Quando compra algo, você não está só gastando dinheiro, está também gastando méritos." Ele dizia isso porque é preciso ter méritos para possuir alguma coisa. Cada vez que eu consumo algo, estou gastando uma energia. Então, quando nos perguntamos se precisamos ou queremos comprar algo, o que está em jogo não é apenas a questão econômica.

Dinheiro é energia, não simplesmente números na conta bancária. O valor que damos às coisas e a razão pelas quais agimos é uma escolha: onde vamos investir nossa energia. Podemos usá-la de um modo que gere mais energia positiva ou de outro, que a consome.

Certas pessoas têm muita energia, mas não têm méritos. Podem comprar o que quiserem e, mesmo assim, estão sempre insatisfeitas. Para elas a vida é um conflito constante. Sem méritos, a sensação de alegria não virá. Quem tem muitas condições favoráveis para o prazer mas poucos méritos tem tudo que quer, mas não tem nada.

Capítulo 67

Da empatia à compaixão

BEL

A palavra empatia é muitas vezes usada como sinônimo de compaixão. No entanto, assim como ter pena só indica a possibilidade de uma ligação compassiva, a empatia é a primeira ligação emocional que levará à compaixão. Com empatia, somos capazes de sentir o que o outro sente. Podemos até mesmo nos colocar no lugar dele, mas isso não quer dizer que estamos mobilizados para fazer algo que o livre do sofrimento. Quando a empatia amadurece a ponto de se transformar no sentimento autêntico de querer ajudar o outro a sair do sofrimento, torna-se compaixão. Se não amadurecermos o amor, poderemos sofrer e adoecer por pura empatia.

LAMA MICHEL RINPOCHE

Isso ocorre se não tivermos desenvolvido uma estabilidade interior baseada na sabedoria. Vai haver um momento em que não nos deixaremos mais desequilibrar pelas situações externas. Se ocorrer uma coisa boa, iremos nos regozijar, ficaremos felizes, mas não eufóricos. Se acontecer uma coisa ruim, tudo bem, vamos lidar com isso também. Preferíamos que algo ruim não tivesse ocorrido, mas não é por isso que vamos perder a estabilidade interior. Para chegar a esse ponto, teremos que diminuir cada vez mais essa oscilação entre os aspectos bons e ruins e nos deixarmos influenciar menos pelas situações externas.

BEL

Mesmo diante de muita dor, ainda assim podemos ser o nosso próprio suporte: lidar positivamente com a tristeza, nos aproximarmos dela com a intenção de curá-la. É um gesto de autocompaixão.

Ao nos escutarmos, nossa dor nos informa sobre o que precisamos fazer, que energia devemos gerar. Desse modo, criamos aos poucos uma nova estrutura interna, que nos permite lidar com a dor e continuar crescendo. Essa estrutura é fortalecida toda vez que abandonarmos uma atitude de vítima ou de autorrejeição. Quando aceitamos o fato de que podemos entrar em contato com a nossa dor de forma consciente, algo muda.

LAMA MICHEL RINPOCHE

Esse é um exemplo de amor ativo em que assumimos a responsabilidade por nossa dor e fazemos algo para sair dela. Se expandirmos esse amor, atingiremos a firme intenção de fazer o possível para ajudar todos os seres. Assim como a água é importante para uma semente germinar, tornar-se uma árvore e dar frutos, amar a nós mesmos e aos outros é fundamental para germinar a semente da mente iluminada.

Temos que começar a praticar o amor verdadeiro com as pessoas que estão à nossa volta. Nos ensinamentos do *Lo Djong* — *Como treinar a mente para ter uma atitude altruísta e não egoísta*,[55] há um trecho que diz que devemos treinar a atitude altruísta primeiro com as pessoas mais próximas: familiares, amigos, colegas de trabalho e, inclusive, aquelas pelas quais temos aversão, as chamadas "inimigas". É fácil ter amor pela criancinha que está longe, lá na África. Nada contra, ao contrário! Mas temos que começar a abrir o nosso coração nas situações mais simples: com a pessoa do caixa, o motorista do táxi, o pedestre que atravessa a rua com a gente.

O amor é o que nos fortalece durante todo o caminho espiritual. Ele é importante no começo, durante e no fim da vida. O amor nos dá força para nos olharmos de frente, lidarmos com os nossos venenos mentais, desenvolvermos generosidade, humildade, paciência, concentração, sabedoria e moralidade. Quando atingirmos a iluminação, será esse o amor que sentiremos por todos os seres, o amor que nos manterá agindo em benefício deles.

---

[55] Lo Djong é uma prática budista Mahayana que tem como propósito desenvolver a *bodhitchitta*, a mente de iluminação. É um ensinamento de Buddha Shakyamuni transmitido em linhagem ininterrupta até o mestre budista indiano Atisha, no século XI, e sistematizado no século XII no Tibete por Gueshe Yeshe Dordje Chekawa.

BEL

Sinto de Lama Gangchen Rinpoche esse amor quando compartilho com ele minhas tristezas e preocupações. Ele me escuta sem interromper, apenas segura minha mão e diz: *"I'm very sorry for you"* (sinto muito por você). Em seguida permanecemos em silêncio, ainda sem falar sobre soluções práticas ou fazer reflexões. É difícil falar e sentir algo profundo ao mesmo tempo, porque isso aciona áreas diferentes do cérebro, que são contraditórias. Há momentos, mesmo que curtos, onde falar atrapalha. Depois vem a conversa. Então o Rinpoche me orienta sobre como lidar melhor com a situação. A sensação de ter sido verdadeiramente ouvida e a presença viva desse amor durante seu toque silencioso me ajudam a sair da solidão diante do problema. Quando isso ocorre, eu me sinto novamente inteira. É muito bom e profundo. Procuro repassar esta experiência sempre que posso. Sinto que você faz o mesmo na sua vida. Escuta, acolhe e orienta.

LAMA MICHEL RINPOCHE

Quando alguém nos perguntar o que fazemos na nossa vida, podemos responder: desenvolvemos amor por nós mesmos, amor pelos outros e buscamos ter a correta visão da realidade. Para sobreviver trabalhamos, fazemos isso e aquilo. Mas, o que fazemos na vida é desenvolver o amor por nós mesmos, o amor pelos outros e buscamos ter a correta visão da realidade. Esse é o nosso objetivo.

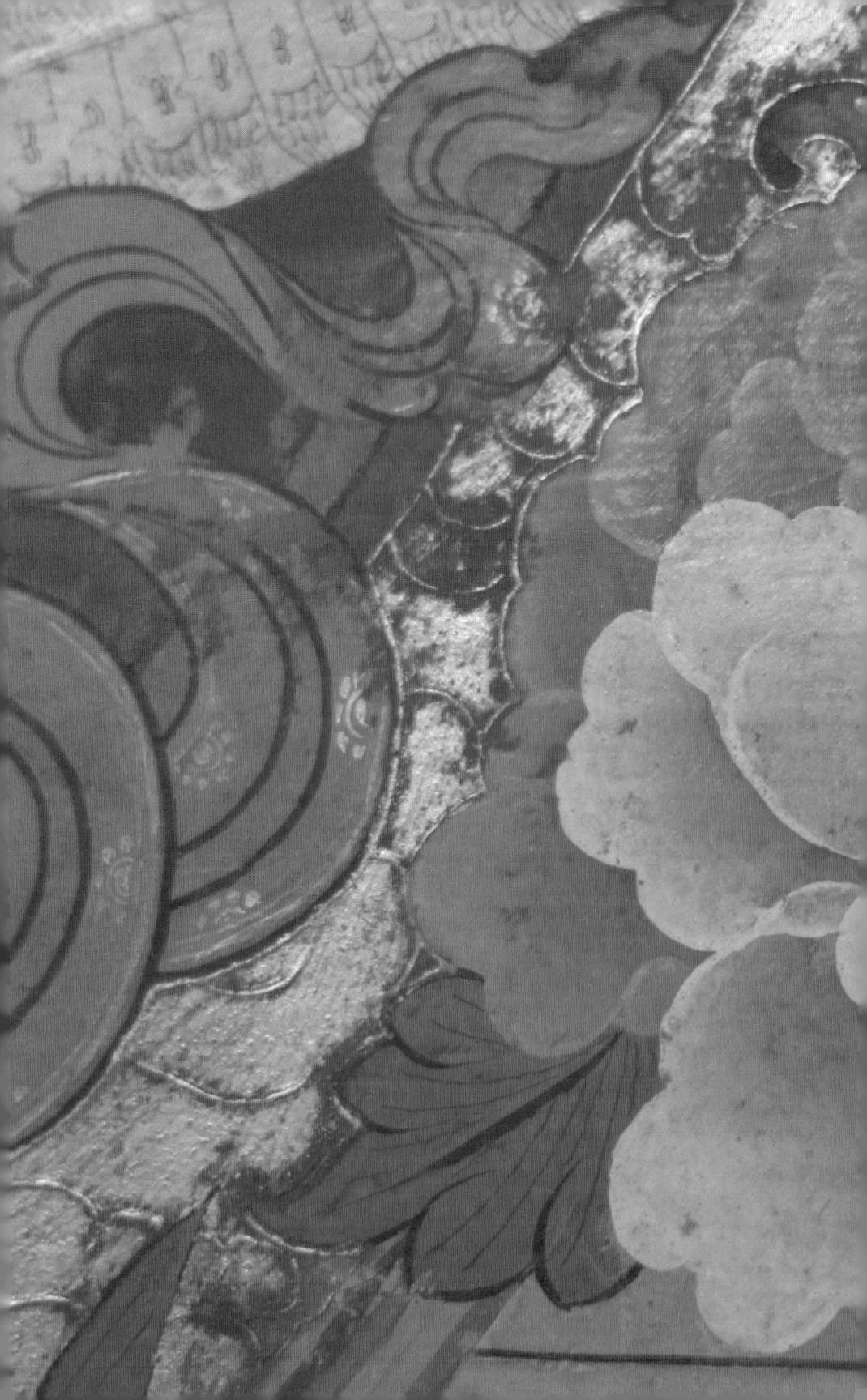

Apêndice

Maitreya, o Buddha do Grande Amor

Shakyamuni, o Buddha histórico, é o quarto dos mil Buddhas deste éon, um período de tempo imensurável. Os três primeiros foram Krakuchandha, Kanakamuni e Kashyapa. O quinto será Maitreya, que surgirá quando o mundo inteiro tiver esquecido os ensinamentos de Buddha Shakyamuni. Estátuas de pedra de Maitreya começaram a surgir no século II, no Paquistão, e depois em outros países asiáticos. Nas representações, Maitreya aparece geralmente sentado, com os dois pés no chão. É um sinal de que está pronto para se levantar.

Maitreya manifestou-se como um discípulo Bodhisattva de Buddha Shakyamuni. Um Bodhisattva é um ser que possui a mente inabalável e espontânea de grande compaixão e ainda está no processo de aperfeiçoamento de seu corpo, palavra, mente, qualidades e ações. Movido por grande compaixão, Maitreya dedicou-se a meditar sobre o Grande Amor nos portões de entrada da cidade onde vivia. Sua meditação era tão poderosa que, apenas ao tocar seus pés, as pessoas que passavam conseguiam importantes realizações no caminho espiritual. Isso agradou muito aos Tathagatas, os seres sagrados de todas as direções, que o denominaram de "Amor" – Maitreya, em sânscrito; Djampa, em tibetano.

Buddha Maitreya é a emanação do amor ilimitado e irá descer fisicamente até o nosso mundo no futuro para curar a humanidade. Ele está na terra pura de Tushita, onde transmite ensinamentos Mahayana a inúmeros Bodhisattvas avançados.

A cada dia, os ensinamentos de Buddha Shakyamuni cedem lugar aos aspectos ilusórios da existência mundana e, consequentemente, à degeneração dos seres humanos. No futuro, Maitreya voltará para reiniciar a transmissão do puro Dharma, a medicina espiritual que cura os sofrimentos do corpo e da mente. De acordo com os textos budistas, a vinda será marcada por uma série de eventos físicos. A expectativa de vida humana terá diminuído para apenas 10 anos; as águas dos oceanos terão secado, permitindo que Maitreya atravesse livremente toda a Terra. Ele se manifestará sob a forma de um grande líder espiritual e ensinará o Dharma por 60 mil anos, quando irá difundir, em particular, a essência da generosidade. Como resultado, os seres irão pouco a pouco abandonar as ações egoístas.

Lama Gangchen Rinpoche nos fala que nesse tempo de degeneração, conhecido como Kaliyuga, não é possível para a maior parte das pessoas estudar os vastos ensinamentos de Autocura de Maitreya, tais como o Abhisamayalamkara; portanto precisamos estudar sua essência de uma forma moderna e acessível, a fim de receber pessoal e coletivamente o corpo, a palavra, a mente, as qualidades e ações de Maitreya.

Assanga encontra Maitreya

Acredita-se que Assanga viveu entre os anos 310 e 390 no antigo reino indiano de Gandhara. Era monge e teve que estudar o sutra Prajnaparamita, palavra sânscrita que significa Perfeição da Sabedoria. Este sutra da tradição Mahayana é indispensável para o caminho do Bodhisattva. Como não conseguia compreender os textos nem recebia ajuda de seus mestres, retirou-se para meditar na floresta. Segundo contam, entrou em uma caverna decidido a não parar de meditar até que Buddha Maitreya se manifestasse para ele.

Depois de três anos sem obter resultado, saiu desanimado da caverna. No caminho viu uma senhora bem velhinha desgastando um parafuso de ferro com um pedaço de algodão, para transformá-lo numa agulha. Assanga pensou: "Se ela tem tanta paciência e perseverança para fazer uma agulha dessa forma, o que são três anos da minha vida para desenvolver o Grande Amor?". E voltou à caverna.

Meditou por mais três anos e Maitreya não apareceu. Desolado, abandonou de novo a caverna. Desta vez viu alguns pássaros tocarem uma parede de pedra com as asas toda vez que dela se aproximavam. Aquelas penas tão macias desgastavam a pedra. E Assanga pensou: "Se a perseverança de algo tão leve como uma pena pode mudar uma pedra, o que é a perseverança de mais três anos para desenvolver o Grande Amor?".

E assim voltou a meditar por mais três anos e nada do que esperava aconteceu. Saiu da caverna, caminhou um pouco e se deparou com uma pedra com um buraco feito por gotas d'água que caiam sobre ela. Pensou: "Se a água pode ter esse efeito sobre a pedra, o que são para mim mais três anos de meditação?". E voltou à caverna.

Passaram-se ao todo doze anos e Assanga, acreditando não ter realizado seu objetivo, desistiu de meditar e saiu da floresta. Ao chegar num vilarejo, encontrou um cachorro doente, com uma parte da barriga aberta, cheia de vermes. No mesmo instante, sente uma enorme compaixão pelo animal. Uma compaixão maior que o simples desejo de livrá-lo daquele sofrimento momentâneo, mas sim de toda e qualquer forma de sofrimento. Ao aproximar-se para tirar os vermes, viu que sentia por eles o mesmo amor e compaixão. Se os retirasse com a mão, eles morreriam. Então pensou: "A única forma de não matá-los ou fazer-lhes mal é retirá-los com a língua". Assanga fechou os olhos e aos poucos baixou a cabeça para retirá-los, até que bateu o rosto no chão. Quando abriu os olhos, viu Buddha Maitreya na sua frente. "Eu o espero há doze anos e você aparece agora?" Maitreya respondeu: "Sempre estive com você. Eu era aquela senhora que fazia as agulhas, os pássaros que desgastavam a pedra, a água... Sempre estive com você." Nesse instante, Buddha Maitreya levou Assanga à terra pura de Tushita, para dar-lhe ensinamentos.

O mais importante nessa história é que a manifestação de Buddha Maitreya ocorre no momento em Assanga desenvolve, dentro de si, um grande e profundo amor por todos os seres.

Shantideva revela como desenvolver o Grande Amor

O Bodhisattva Shantideva, um monge budista indiano do século VIII, é uma das figuras mais renomadas em toda a história do budismo Mahayana. Compôs o *Bodhisattvatcharyavatara*, *Guia do estilo de vida do Bodhisattva*, uma obra em versos que nos ensina como ingressar no caminho que leva à iluminação.

Como Buddha Shakyamuni, nasceu em uma família real e estava destinado ao trono. Na iminência de sua coroação, Manjushri, o Buddha da Sabedoria, e Tara, a mãe de todos os Buddhas, apareceram-lhe em sonhos aconselhando-o a não ascender ao trono. Assim, Shantideva deixou o reino de seu pai, retirou-se para o deserto e dedicou-se à meditação. Durante esse tempo, alcançou realizações espirituais avançadas e teve constantes visões de Manjushri, que o guiou como mentor espiritual.

Depois disso, Shantideva foi por um tempo o ministro de um rei, a quem ajudou a governar de acordo com os princípios budistas. Como sua presença despertou ciúme nos outros ministros, Shantideva deixou de servir ao rei. Seguiu então para a renomada universidade monástica de Nalanda, onde compôs outras obras clássicas do budismo Mahayana.

Em Nalanda, Shantideva não só dormia até tarde, o que era muito mal visto pelos outros monges, como não participava dos ensinamentos. Por isso seus companheiros passaram a chamá-lo de "o monge das três ações": comer, dormir e evacuar. Alguns chegaram a pensar em colocá-lo para fora do monastério, por acreditar que sua presença era inútil naquele lugar.

Chegou o dia em que Shantideva deveria prestar um exame extremamente difícil. Teria que recitar um longo texto memorizado e depois comentá-lo. Os monges pensaram: "Esta é a melhor oportunidade de expulsá-lo daqui, ele jamais conseguirá sair-se bem no exame". Para colocá-lo numa situação ainda mais difícil, providenciaram um trono muito alto e sem escadas, mas ele subiu sem a menor dificuldade.

No momento de fazer o comentário sobre o texto, perguntou: "Vocês querem que eu comente um texto já existente ou que eu apresente outro da minha autoria?". Tal fato surpreendeu os monges, mais uma vez descrentes de sua capacidade, mas aceitaram na esperança de que ele ficasse numa situação delicada. Quando Shantideva começou a recitar os lindíssimos e profundos versos do *Bodhisattvatcharyavatara*, todos ficaram perplexos com sua clareza e sabedoria. Dizem que, quando ele chegou no nono capítulo, começou a flutuar e só os que também tinham capacidade de flutuar é que conseguiam escutá-lo.

Quando Shantideva terminou, todos pediram que ele permanecesse no trono e desse mais ensinamentos. Mas ele disse que já havia completado seu trabalho e iria embora. Então perguntaram-lhe onde estava aquele texto, ao que ele respondeu: "No meu quarto há um manuscrito no telhado, escondido nas madeiras. Durante a noite tenho visões e recebo diretamente os ensinamentos de Manjushri. Por isso durmo de manhã." Depois disso ele nunca mais foi visto.

O *Bodhisattvatcharyavatara* foi escrito originalmente em sânscrito e traduzido, ao longo dos séculos, para todas as línguas onde o budismo se difundiu. Não é um texto filosófico, mas um guia para a nossa transformação interior, para desenvolvemos um estado de amor e compaixão, superarmos o egoísmo e a obsessão pela autogratificação. Quando realizarmos o Grande Amor, não nos colocaremos mais à parte de nenhum fenômeno do Universo.

Índice remissivo

Índice das fotos

Capa
Lama Michel Rinpoche, Tashi Lhumpo,
Shigatse, Região Autônoma do Tibete, 2013.

Agradecimentos, dedicação e sumário
Foto de Bel Cesar, Afrescos do Monastério de Tön,
Região Autônoma do Tibete, agosto 2011.

Prefácio por Lama Gangchen Rinpoche
Foto de Bel Cesar, Lama Michel Rinpoche e Lama Gangchen Rinpoche,
Ubatuba, São Paulo, 1988.

Prefácio por Lama Michel Rinpoche
Acervo de Bel Cesar, Lama Michel Rinpoche e Bel Cesar,
Centro de Dharma da Paz, São Paulo, 1995.
Foto Fernanda Lenz, Lama Michel Rinpoche e Bel Cesar, Dubai, 2014.

Prefácio por Bel Cesar
Foto de Bel Cesar, Lama Gangchen Rinpoche e Lama Michel Rinpoche,
Borobudur, Indonésia, 1993.
Foto de Bel Cesar, Lama Michel Rinpoche (aos 8 anos)
no Monastério de Sera Me, sul da Índia, 1990.

Capítulo 1
Foto de Bel Cesar, monge durante a celebração da entronização
de Tsering Dorje, vigésima reencarnação de Denma Gonsar Rinpoche,
Monastério de Denma Gonsar Rinpoche, Yushu, China, 2014.

Capítulo 2
Foto de Bel Cesar, Roda da Vida, Palácio de Verão de Panchen Lama
Detchen Potrang, Shigatse, Região Autônoma do Tibete, 2009.

Capítulo 3
Foto de Bel Cesar, tibetano durante a celebração da entronização
de Tsering Dorje, vigésima reencarnação de Denma Gonsar Rinpoche,
Monastério de Denma Gonsar Rinpoche, Yushu, China, 2014.
Foto de Bel Cesar, braços de Avalokiteshvara, Tibet, 2011.

Capítulo 4
Foto de Bel Cesar, Roda da Vida, Monastério de Chagtreng Ganden
Samphel Ling, Chagtreng, China, 2009.
Foto de Bel Cesar, Lama Michel Rinpoche diante da Stupa de Borobudur,
Java, Indonésia, 2014.
Foto de Bel Cesar, Stupa de Borobudur, Java, Indonésia, 2014.

Capítulo 5
Foto de Bel Cesar, criança tibetana durante celebração da entronização da
reencarnação de Denma Gonsar Rinpoche, Yushu, China, 2014.

Capítulo 6
Foto de Fernanda Lenz, monge meditando,
Monastério de Chagtreng Ganden Samphel Ling, Chagtreng, China, 2009.

Capítulo 7
Foto de arquivos de Peter Webb, São Paulo, 2015.

Capítulo 8
Foto de Bel Cesar, Divindade com no coração a representação dos Seres de
Compromisso, Sabedoria e Concentração, Monastério de Kunbum,
Gyantse, Região Autônoma do Tibete, 2011.
Foto de Bel Cesar, escultura de Bruno Torft, Marysvile, Austrália, 2012.

Capítulo 9
Foto de Fernanda Lenz, Nevaeh, Habitação pública, Brooklyn, Nova York, 2013.
Foto de Bel Cesar, pôr do sol em Bodhgaya, Índia, 2010.

Capítulo 10
Foto de Bel Cesar, detalhe de um afresco do Monastério de Denma Gonsar
Rinpoche, Yushu, China, 2014.

Capítulo 11
Foto de Bel Cesar, escultura de Bruno Torft, Marysvile, Austrália, 2012.

Capítulo 12
Foto de Bel Cesar, detalhe de um afresco do Monastério de Denma Gonsar
Rinpoche, Yushu, China, 2014.
Foto de Bel Cesar, Indiana em Varanasi, Índia, 2010.

Capítulo 13
Foto de Bel Cesar, Phrenological Head (1850) de Asa Ames,
Metropolitan Museum, Nova York, 2013.

Capítulo 14
Foto de Bel Cesar, escultura de William Ricketts, William Ricketts Sanctuary,
Vitória, Austrália, 2012.
Foto de Fernanda Lenz, Exposição de arte Galpão 45,
Pequim, China, 2011.

Capítulo 15
Foto de Bel Cesar, escultura em relevo da Stupa de Borobudur,
Java, Indonésia, 2014.
Foto de Bel Cesar, encontro mãe e filha, aeroporto Santos Dumont,
Rio de Janeiro, 2008.

Capítulo 16
Foto de Bel Cesar, mudra da Generosidade da Estátua de Ratnasambhava,
Sítio Vida de Clara Luz, Itapevi, São Paulo, 2009.

Capítulo 17
Foto de Bel Cesar, moradora de rua, Nova York, 2013
Foto de Bel Cesar, Gueshe Tubten Rinpoche em debate filosófico,
Monastério de Sera Me, Sul da Índia, 1990.

Capítulo 18
Foto de Bel Cesar, monge durante a recepção de Lama Gangchen Rinpoche
ao Monastério de Ganden Sumtse Ling, Shangrila, China, 2009.
Foto de Bel Cesar, Monastério de Gangchen,
Região Autônoma do Tibete, 2011.

Capítulo 19

Foto de Bel Cesar, Lama Gangchen Rinpoche ao Monastério
de Ganden Sumtse Ling, Shangrila, China, 2009.
Foto de Bel Cesar, afresco do Monastério de Denma Gonsar Rinpoche,
Yushu, China, 2014.

Capítulo 20

Foto de Bel Cesar, Lama Michel Rinpoche, Sítio Vida de Clara Luz,
Itapevi, São Paulo, 2013.

Capítulo 21

Fotos de Bel Cesar, escultura de Bruno Torft, Marysvile, Austrália, 2012.

Capítulo 22

Foto de Bel Cesar, Estátua de Sitatapatra (Dugkar), Monastério de Denma
Gonsar Rinpoche, Yushu, China, 2014.
Foto de Bel Cesar, taraxacum (dente-de-leão), Sítio Vida de Clara Luz,
Itapevi, São Paulo, 2010.

Capítulo 23

Foto de Bel Cesar, Buddha Maitreya, Stupa da Vitória de Longa Vida,
Centro de Dharma da Paz, São Paulo, 2014.
Foto de Bel Cesar, afresco do Monastério de Ganden,
Região Autônoma do Tibete, 2011.

Capítulo 24

Foto de Bel Cesar, Itália, 2014.
Foto de Bel Cesar, escultura em relevo da Stupa de Borobudur,
Java, Indonésia, 2014.

Capítulo 25

Foto de Bel Cesar, Kalarupa, Monastério de Chagtreng Ganden Samphel
Ling, Chagtreng, China, 2009.
Foto de Bel Cesar, monge ancião, Monastério de Tashi Lumpo,
Shigatse, Região Autônoma do Tibete, 2011.

Capítulo 26

Foto de Bel Cesar, escultura de Bruno Torft, Marysvile, Austrália, 2012.

Capítulo 27

Foto de Bel Cesar, Roda da Vida, Monastério Sangpi Lamasery,
Região Autônoma do Tibete, 2009.

Capítulo 28

Foto de Bel Cesar, protetor, entrada do Templo de Potalaka (1771),
Pequim, 2014.
Foto de Bel Cesar, foto do décimo Panchen Lama,
Monastério Long Shu Gompa, Yushu, China, 2014.

Capítulo 29

Foto de Bel Cesar, Vajrapani, Monastério Gyantse Shalu,
Região Autônoma do Tibete, 2011.

Capítulo 30

Foto de Bel Cesar, detalhe do quadro *The Abduction of the Sabine Women*
(1633-34), Nicolas Poussin, Metropolitan Museum, Nova York, 2013.
Foto de Bel Cesar, detalhe de um afresco do Palácio de Verão de Panchen
Lama, Shigatse, Região Autônoma do Tibete, 2011.

Capítulo 31

Foto de Bel Cesar, sessão de debate filosófico com monges do Monastério de
Chagtreng Ganden Samphel Ling, Chagtreng, China, 2009.

Capítulo 32

Foto de Bel Cesar, detalhe do quadro Oedipus and the Sphinix (1864) de
Gustave Morcau, Metropolitan Museum, Nova York, 2013

Capítulo 33

Fotos de Bel Cesar, detalhes de um afresco do Palácio de Verão de Panchen
Lama, Shigatse, Região Autônoma do Tibete, 2011.

Capítulo 34

Foto de Fernanda Lenz, São Francisco, Califórnia, 2015.

Capítulo 35
Foto de Bel Cesar, Eros e Psyche, Roma - A.D. 190-200,
Metropolitan Museum, Nova York, 2014.

Capítulo 36
Foto de Bel Cesar, monges do Monastério de Shar Gaden,
Sul da Índia, 2010.

Capítulo 37
Fotos de Bel Cesar, oferenda do chá durante uma cerimônia com os monges
do Monastério de Shar Gaden, Sul da Índia, 2010.

Capítulo 38
Foto de Bel Cesar, Shine – o Caminho da Meditação,
Monastério de Chagtreng Ganden Samphel Ling, Chagtreng, China, 2009.
Acervo de Lama Gangchen Rinpoche, Lama Gangchen Rinpoche,
Sikkim, 1963.

Capítulo 39
Foto de Bel Cesar, Central Park, Nova York, 2013.

Capítulo 40
Foto de Bel Cesar, escultura em relevo da Stupa de Borobudur,
Java, Indonésia, 2014.
Foto de Bel Cesar, Lama Gangchen Rinpoche,
Monastério Long Shu Gompa, Yushu, China, 2014.

Capítulo 41
Foto de Bel Cesar. Criança tibetana no pátio do Monastério de Tashi
Lumpo, Shigatse, Região Autônoma do Tibete, 2011.

Capítulo 42
Foto de Bel Cesar, escultura de Bruno Torft, Marysvile, Austrália, 2012.

Capítulo 43
Fotos de Bel Cesar, detalhes de um afresco da Roda da Vida, Palácio de Verão
de Panchen Lama, Shigatse, Região Autônoma do Tibete, 2011.

Capítulo 44

Acervo de Fernanda Lenz, Fernanda Lenz,
São Francisco, Califórnia, 2013.
Foto de Bel Cesar, metrô de Nova York, 2014.

Capítulo 45

Foto de Bel Cesar, detalhe do quadro *The Expulsion from Paradise* (1740) de
Charles Joseph Natoire, Metropolitan Museum, Nova York, 2013.

Capítulo 46

Foto de Bel Cesar, escultura em relevo da Stupa de Borobudur,
Java, Indonésia, 2014.
Foto de Bel Cesar, Tashilumpo, Índia, 1995.

Capítulo 47

Foto de Bel Cesar, detalhe do quadro *The Life and Miracles of Saint Godelieve*
(1475-1500), Metropolitan Museum, Nova York, 2013.

Capítulo 48

Foto de Bel Cesar, monges no Monastério de Shar Gaden,
Sul da Índia, 2010.
Foto de Bel Cesar, Lama Michel Rinpoche, Nova York, 2014.

Capítulo 49

Fotos de Bel Cesar, lótus, Jardim Botânico de Pequim, China, 2009.

Capítulo 50

Foto de Bel Cesar, Nyithrul Rinpoche, Monastério Long Shu Gompa,
Yushu, China, 2014.

Capítulo 51

Foto de Bel Cesar, detalhe de um afresco da Roda da Vida,
Palácio de Verão de Panchen Lama, Shigatse,
Região Autônoma do Tibete, 2011.
Foto de Bel Cesar, Lama Gangchen Rinpoche e Lama Michel Rinpoche,
Centro de Dharma da Paz, São Paulo, 2006.

Capítulo 52

Foto de Bel Cesar, escultura de William Ricketts, William Ricketts Sanctuary, Vitória, Austrália, 2012.

Capítulo 53

Foto de Bel Cesar, escultura de Bruno Torft, Marysvile, Austrália, 2012.

Capítulo 54

Foto de Bel Cesar, tibetanos durante a celebração da entronização de Tsering Dorje, vigésima reencarnação de Denma Gonsar Rinpoche, Monastério de Denma Gonsar Rinpoche, Yushu, China, 2014.

Capítulo 55

Foto de Bel Cesar, escultura em relevo da Stupa de Borobudur, Java, Indonésia, 2014.

Capítulo 56

Foto de Bel Cesar, escultura em relevo da Stupa de Borobudur, Java, Indonésia, 2014.
Foto de Bel Cesar, Lama Gangchen Rinpoche e Lama Michel Rinpoche de mãos dadas no Monastério de Gangchen, Região Autônoma do Tibete, 2011.

Capítulo 57

Foto de Bel Cesar, tibetanos durante a celebração da entronização de Tsering Dorje, vigésima reencarnação de Denma Gonsar Rinpoche, Monastério de Denma Gonsar Rinpoche, Yushu, China, 2014.

Capítulo 58

Foto de Bel Cesar. Divindades. Monastério de Tashi Lumpo, Shigatse, Região Autônoma do Tibete, 2011.
Foto de Bel Cesar, mão de Lama Gangchen Rinpoche, Sítio Vida de Clara Luz, Itapevi, São Paulo, 2010.

Capítulo 59

Foto de Bel Cesar, Corredor do Monastério de Tashi Lumpo, Shigatse, Região Autônoma do Tibete, 2011.

Capítulo 60

Foto de Bel Cesar, escultura de William Ricketts, William Ricketts Sanctuary, Vitória, Austrália, 2012.

Capítulo 61

Foto de Bel Cesar, braços da estátua de Yamantaka, Monastério Long Shu Gompa, Yushu, China, 2014.
Foto de Bel Cesar, tibetana, Monastério de Denma Gonsar Rinpoche, Yushu, Região Autônoma do Tibete, 2014.

Capítulo 62

Foto de Bel Cesar, monge guardião do Monastério de Tashi Lumpo, Shigatse, Região Autônoma do Tibete, 2011.
Foto de Bel Cesar, detalhe da thanka dos Grandes Mahasiddhas, Albagnano Healing Center, Itália, 2010.

Capítulo 63

Foto de Bel Cesar, afresco do Monastério de Tashi Lumpo, Shigatse, Região Autônoma do Tibete, 2011.
Foto de Bel Cesar, monges do Monastério de Tashi Lumpo, Shigatse, Região Autônoma do Tibete, 2011.

Capítulo 64

Foto de Bel Cesar, Monastério de Shalu, Tibete Central, 2011.
Foto de Bel Cesar, estátua em cera de Denma Gonsar Rinpoche, Monastério Long Shu Gompa, Yushu, China, 2014.
Foto de Bel Cesar, entronização de Tsering Dorje, vigésima reencarnação de Denma Gonsar Rinpoche, Monastério de Denma Gonsar Rinpoche, Yushu, Região Autônoma do Tibete, 2014.

Capítulo 65

Foto de Bel Cesar, detalhe de um afresco da Roda da Vida, Thön, Região Autônoma do Tibete, 2011.
Foto de Bel Cesar, detalhe de uma tankha budista do Tibete de 1700 – *Terra Pura de Buddha Amitayus*, Metropolitan Museum, Nova York, 2014.

Capítulo 66

Foto de Bel Cesar, escultura de Bruno Torft, Marysvile, Austrália, 2012.

Capítulo 67
Foto de Bel Cesar, Estátua de Avalokiteshvara – Buddha da Compaixão,
Sítio Vida de Clara Luz, Itapevi, São Paulo, 2014.

Apêndice
Fotos Bel Cesar, Lama Gangchen Rinpoche sentado sob a estátua de
Maitreya, Gruta de Ellora, Índia, 1991.
Foto de Bel Cesar, estátua de Buddha Maitreya,
Monastério de Tashi Lunpo, Sul da Índia, 1994.
Acervo de Lama Michel Rinpoche, Assanga.
Acervo de Lama Michel Rinpoche, Shantideva.

Índice remissivo
Foto de Fernanda Lenz, São Tomé das Letras, Minas Gerais, 2011.

Índice das fotos
Foto de Fernanda Lenz, Bel Cesar, Tibete, 2014
Foto de Bel Cesar, Fernanda Lenz,
Monastério de Nyemo Gyalchen, Tibete, 2011.
Foto de Bel Cesar, Lama Michel Rinpoche, Nova York, 2014.

Fontes de áudio
Foto de Bel Cesar, Monastério de Denma Gonsar Rinpoche,
Yushu, China, 2014.

Contatos
Foto de Bel Cesar, Patan, Nepal, 2010.

Fontes de áudio

Conversas gravadas

Bel e Lama Gangchen Rinpoche com grupo de Plantio Coletivo,
2 de dezembro de 2007.

Bel e Lama Michel no Sítio Vida de Clara Luz, São Paulo, 29 de março de 2009.

Bel e Lama Michel sobre a culpa, São Paulo, de março de 2009.

Bel e Lama Michel sobre o sagrado, São Paulo, 8 de fevereiro de 2012.

Lama Michel Rinpoche e Abílio Diniz, São Paulo, 29 de Junho de 2012.

Palestras no Sítio Vida de Clara Luz com Lama Gangchen Rinpoche

Purificação dos Cinco Elementos, 17 de outubro de 2010.

Sobre como Tocar nossa Essência, 8 de novembro de 2011.

Sobre o nascimento, 28 de abril de 2013.

Palestras no Sítio Vida de Clara Luz a na Sede Vida de Clara Luz com Lama Michel Rinpoche

Encarar a Realidade, 18 de setembro de 2009.

Lidando com situações de crise, 9 de abril de 2009.

Os Cinco Dhyani Buddhas, 28 de março de 2010.

Uma visão budista do Ser Humano, Sede Vida de Clara Luz, 11 de junho de 2012.

A Mente Pura, 17 de junho de 2012.

O que é uma mente saudável, 13 de Junho de 2013.

Como a espiritualidade pode nos ajudar a lidar com o cotidiano, 16 de junho de 2013.

Como gerar energia positiva, 27 de abril de 2014.

Como abrir o coração respeitando os próprios limites, 23 de abril de 2014.

Sobre a importância de ter flexibililidade, junho de 2015.

A arte de dialogar, junho de 2015.

Ensinamentos de Lama Michel Rinpoche no Centro de Dharma da Paz

(Todos à venda em CD no Centro de Dharma da Paz)

Siddhanta Drub-tha, maio de 2006.

Os Três Principais aspectos do caminho de Lama Tsong Khapa, maio de 2007.

O Sutra do Coração, abril de 2008.

Sabedoria x Ignorância, junho de 2009.

Dagzin Shagdeb, 2010.

Relacionamentos, 2009.

Imagens Mentais, fevereiro de 2012.

Raiva e Paciência, dezembro de 2012.

Aulas proferidas por Bel Cesar durante as atividades de Plantio Coletivo

Assertividade, setembro de 2013.

Eixo Abusador x abusado, 3 de agosto de 2008.

Por que aceitamos que alguém nos trate mal? 1 de setembro de 2010.

Ética interior, 9 de março de 2013.

Lucidez para encontrar um sentido na vida, abril de 2013.

Respeitando o tempo interior, 1 de fevereiro de 2014.

A natureza do sentimento de culpa, dezembro de 2014.

Contatos

BEL CESAR
Sede Vida de Clara Luz
Rua Aimberê, 2008
CEP 01258-020 São Paulo, SP
Consultório
Rua Imperatriz Leopoldina, 1248, ap 1301
CEP 05305-001 São Paulo, SP
www.vidadeclaraluz.com.br
belcesar@vidadeclaraluz.com.br
www.somostodosum.ig.com.br/belcesar
Bel Cesar on vimeo – https://vimeo.com/user8349047

CENTRO DE DHARMA DA PAZ SHI DE CHÖE TSOG
Rua Apinagés, 1861
CEP 01258-001 São Paulo, SP
005511 3871-4827
Para ouvir os ensinamentos de Lama Michel ao vivo:
http://centrodedharma.com.br/wp/livestreaming/

LAMA MICHEL RINPOCHE
www.lgpt.net
www.kunpen.it
Via Marco Polo, 13
20123. Milão. Itália
Tel: +39 02 29010263

ALBAGNANO HEALING MEDITATION CENTER
Via Campo dell'Eva, 1
Albagnano di Bèe 28813
Verbania Itália
infoalba@lgpt.net

GRÁFICA PAYM
Tel. [11] 4392-3344
paym@graficapaym.com.br